외식 창업으로
평생직업 갖기

외식 창업으로
평생직업 갖기

차새롬 지음

맛보다 경험을 만드는
식당 창업의 비밀

창업 전 알아두면 좋은
지식, 상식, 마케팅 전략에서 인테리어까지

생각나눔

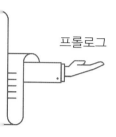

프롤로그

필자는 어려서부터 아버지의 사업을 보면서 자랐다. 필자의 아버지께서는 몸이 불편하셨지만, 평생 월급을 주는 사장만 하셨다. 그렇다고 우리 집안이 할아버지 때부터 부유한 집안은 아니었다. 늘 필자의 아버지께서는 사업을 하셨고, 사업이 잘될 때도 있었지만 안될 때도 있어 우리는 여러 번의 잦은 이사를 하며 자랐다. 필자의 어머니는 딸인 나에게 절대로 사업하는 남편을 만나지 말라고 당부하셨고, 필자의 오빠에게도 사업을 하지 말라고 하셨다. 그것은 사업을 한다는 것이 매우 힘들고 고단한 것임을 옆에서 지켜보셨기 때문이라 생각한다.

필자의 아버지께서도 마찬가지다. 자신은 사업을 하시지만 우리 남매들에게는 사업을 하지 말라고 하셨다. 그럼 난 아버지께 되물었다. 왜 아버지는 하면서 우리에게는 하지 말라고 하시냐고. 그럼 아버지께서는 말씀하셨다. 평생 직업은 있어도 평생 직장은 없다고. 아버지는 고등학교를 졸업하자마자 사업이 좋아서 사업을 시작했고 30세에 중증장애자가 되어 그 후에는 어디에도 취직이 힘들기에 어쩔 수 없어 평생 직업을 갖기 위해 사업을 하는 거라고 그러니 너희들은 공부를 해서 좋은 직업을 가지라는 것이었다.

그러나 필자는 도저히 이해가 가지 않았다. 어릴 적부터 아버지는 많은 직원들을 거느리고 사장님이라는 호칭을 받으며 대접을 받으셨고, 좋은 승용차에 넓고 좋은 집에 사는 것은 아버지가 사업을 하기에 그런 것이라 생각되었기에 우리 남매들에게 사업을 하지 말라는 것이 이해가 가지 않았다.

나 또한 아버지를 닮아선지 아버지처럼은 아니지만 20세부터 창업의 꿈을 안고 여러 가지의 아르바이트를 하면서 창업의 꿈을 키웠다. 창업을 결심하게 된 결정적인 동기는 아버지의 회사에 취직을 하면서부터였다. 경영수업을 받는다는 생각으로 말단 경리로 취직하여 식품제조업에 대한 모든 지식을 습득하였고, 좀 더 체계적으로 경영을 하기 위해 뒤늦게 대학에 입학하여 대학에서 배운 경영지식과 실전에서 습득한 식품제조업에 대한 지식을 바탕으로 대학교 졸업과 동시에 식품제조회사를 창업하였다. 그러나 역시 사업은 쉬운 게 아니었다. 마음은 앞서 갔지만 모든 것이 쉽지가 않았다. 결국, 사업을 포기하고 경영컨설턴트 회사에 회사에 입사하여 처음부터 시작하는 자세로 일을 배웠다.

그러나 필자는 한 회사의 구성원으로서 수동적인 일만 하는 것에서 활력을 느끼지 못했다. 이보다는 내 의사결정대로 능동적으로 움직일 수 있는 창업의 매력을 결국 놓칠 수 없었다.

그래서 새롭게 시작하는 마음가짐으로 식품제조업보다 한 단계 아래인 제빵소업을 창업하였다.

식품제조업은 소비자를 상대할 일이 없었다. 의뢰업체의 제품을 생산하여 주면 그만이다. 그러나 제빵소란 서비스업은 직접 소비자를 상대하는 서비스업으로 친절, 위생, 영업 등 식품제조업 공장 운영 시 경험하지 못한 것과 사소한 관련 법규 및 아르바이트 직원 관리까지 많은 것을 알아야 했다.

이런 경험을 하면서 필자는 직접 창업을 하면서 겪은 경험들을 청년창업의 꿈을 키우는 필자와 같은 분들에게 필자가 겪은 경험을 나누고자 이 책을 집필하게 되었다. 미약하나마 청년창업을 하시는 분들에게 도움이 되길 바란다.

2022. 7월

차새롬

차
·
례

제1부 외식사업 창업 전 알아야 할 지식

제2부 외식사업 창업자가 꼭 알아야 할 상식

제3부 외식사업 창업 마케팅에 관하여

제4부 창업 전 체크해야 할 인테리어 상식

외식사업 창업 전
알아야 할 지식

개업을 하면 창업정신은 사라지고 조그마한 위기에도 흔들려 쉽게 전입을 하려는 경우가 있다. 위기는 기회라는 인식으로 만약 운영 중 위기가 찾아온다면 다시 한 번 창업정신을 점검하여 위기를 기회로 바꿔야 한다. 얼마든지 위기는 넘길 수 있다고 본다.

01. 외식사업이 무엇인지를 터득하라

외식사업이란 사람들이 밖에서 사 먹는 음식을 제공하는 일을 지속적으로 경영하는 것이다. 외식사업 중 대표적인 것이 식당업이라 할 수 있다. 외식사업, 즉 식당업은 언제든지 실패할 수 있는 위험한 요소가 다분히 갖추어진 특별한 소매업으로 철저한 준비를 하지 않으면 실패가 가장 높은 직업의 일종이라고 필자는 생각한다. 외식 사업장에서 판매되는 모든 제품은 사업장 자체에서 만들어진 식품 또는 그와 유사한 시설에서 생산하여 배송된 식품들을 판매하는 것이다.

외식사업은 일반 소매업과는 달리 즉석으로 생산된 제품으로 전문적인 기술자인 주방장이 만들어 언제 부패할지도 모르는 위험 속에서 제한된 짧은 제품 수명을 갖고 있다. 따라서 이와 같은 위험 때문에 이 제품은 신속히, 가급적 재고 없이 빨리 판매되어야 하는 리스크를 매일 안고 있다. 이와 같은 특성 때문에 외식사업은 언제든지 실패할 수 있는 소매업이라는 사실을 인식하고 새로운 시각으로 접근해야 성공적인 사업을 전개할 수가 있다.

외식 사업장에서는 제품의 생산과 판매가 동시에 이루어진다는 점과 외식 사업장에 오는 손님은 제품 수명이 아주 짧은 제품을 구매하러 오는 손님이지 그냥 구경삼아 들르는 손님이 결코 아니라는 것 그리고 외식 사업장에 오는 손님은 만족도에 따라서 한 번만 오는 것이 아니라 매일 또는 수시로 방문할 수도 있고 영원히 다시는 오지 않을 수도 있다는 것이다.

외식사업은 단순히 서비스를 제공하기보다는 환대를 제공한다고 생각해야 한다. 환대가 서비스와 다른 점은 몸과 마음 양쪽 전부 다 만족시켜 준다는 것이다. 외식사업 그 자체가 필자는 쇼 비즈니스라고 생각한다. 직접 보여주고 느끼게 함으로써 손님의 재방문을 유도하는 사업이다.

외식사업은 맛과 분위기 그리고 손님을 대하는 태도 등 다양한 요소들이 복합적으로 연동되어 움직이는 사업이다. 맛이 아무리 좋아도 직원들이 불친절하거나 사업장이 청결하지 못하다면 손님들은 다시는 그곳을 찾지 않는다. 외식사업은 맛이 기본이지만 그것만으로 고객을 유치한다고는 볼 수 없는 복합적인 요소들이 많은 사업이다.

02. 위기관리 능력을 키워라

　　　　　　　　필자의 지인 중에는 소머리 국밥 전문점에
서 약 10년간 종사한 실무 경험과 후덕한 인상을 바탕으로 소머리
국밥 전문점을 창업한 분이 있다. 그분은 주 메뉴를 자신의 경험
을 살려 소머리 국밥으로 정하고 칼국수 전문점을 하던 자리를 인
수하여 창업을 하였다. 그러나 예상치 못한 외부적인 변수는 항상
존재한다. 2008년 당시 전 세계적으로 광우병 파동이 발생하였고,
그 여파는 국내에도 퍼져 소고기 관련 음식의 외면으로 급격하게
매출이 격감하였고, 매출감소를 견디다 못해 결국은 폐업이라는
심각한 결과를 초래하고 말았다.

　판매가격은 점심식사 손님을 주요 고객으로 보아 저렴하게 책정
하였고, 원재료들은 축협과 수협 그리고 도매 시장에서 싱싱한 원
재료를 직접 구매해서 신선도 유지에 만전을 기해 나갔다. 단골 위
주의 고객을 대상으로 휴머니즘 마케팅을 실천, 경쟁력을 갖추어
나갔다. 그럼에도 불구하고 이 매장은 외부적인 변수인 광우병이라
는 사회적 문제가 대두되자 맥없이 무너졌는데, 그 주된 원인은 메
뉴를 구성함에 있어 서로 보완재 성격을 갖는 포트폴리오적 메뉴
구성을 사전에 충분히 고려하지 못한 데 있었다. 사업에 위기가 왔

을 때 문제를 해결할 수 있는 경영자의 위기관리능력 부재가 실패를 촉진한 사례다.

서로 보완재 성격을 갖는 메뉴로 포트폴리오 메뉴를 구성했다면 예기치 못한 외부적 변수가 발생했을 때 그 충격을 흡수할 수 있는 대응력이 되었을 것으로 보인다. 먹거리는 사회의 이슈에 대단히 민감한 반응을 일으킨다. 그 예로 지상파 방송이나 종편 프로그램에서 유명한 건강식 전문가가 무슨 식품이 우리 몸에 좋다고 방송이 되면 그날 그 식품의 판매량이 급증한다. 그만치 먹거리 장사는 사회적 이슈에 맥없이 무너지는 경우가 많다. 그래서 한 가지로 승부를 내는 매장은 다양한 이슈에 대응력을 가질 수 있는 위기 시스템을 구축해야 한다.

당시 그분은 소머리국밥과 병행으로 당시 칼국수 전문점이었던 자리이니 칼국수도 같이 취급하면서 점차 메뉴를 늘려나갔으면 하는 아쉬움을 토로하였다. 그러나 필자의 생각은 다르다. 전혀 어울리지 않는 종류보다는 국밥인 대중적인 점심 메뉴이니 일반적인 백반 종류, 즉 김치찌개나 된장찌개를 병행하였으면 좋았을 것이라 생각한다.

03. 보완 메뉴를 곁들여라

앞서 예를 들은 것처럼 과거 광우병 말고도 조류 독감, 어패류 바이러스 등으로 매출이 뚝 떨어진 경우, 바이러스가 사라지고 이슈가 더 이상 언론에 오르내리지 않는데도 고객들의 발길을 다시 돌리는 것은 어렵다. 필자의 지인분 중에 예전에 조류독감 유행으로 손님 없는 썰렁한 매장에서 그가 한 일은 닭고기를 대체하는 메뉴를 개발하는 것이었다. 그는 연구 끝에 해물 샤브샤브를 개발했다. 신메뉴를 열심히 홍보한 덕에 매출은 회복됐고, 오히려 이전보다 손님이 불어나 투자비의 10%가 넘는 순수익을 얻을 정도로 성공했다. 이처럼 수년간 주기적으로 불거지는 각종 식품 관련 사건은 외식창업자에게 큰 부담이 아닐 수 없다.

최근에는 코로나로 인하여 많은 자영업자들이 폐업하게 되었고, 과거 광우병이나 조류독감처럼 일시적인 것이 아니라 2년 넘게 이어지는 코로나는 특정 외식업종이 아닌 전 식품업종이 폐업을 맞이하여 심각한 경영난을 겪고 있는 것이 현실이다. 한 조사에 따르면 관련 업종들은 30% 이상 폐업이 늘었다고 한다.

이런 식품 안전 문제가 발생하면 적게는 3개월, 길게는 6개월까지 영업에 타격을 받는다. 지금처럼 코로나 같은 장기간 바이러스 유행이 또다시 안 일어난다는 보장도 없다. 대부분 생계형 창업인 음식점들은 장기간의 영업 부진을 버틸 수 없어 업종을 전환하거나 폐업할 수밖에 없다. 특히 창업한 지 얼마 안 된 신규매장들은 단골을 잡기도 전에 타격을 입게 돼 심각한 매출부진을 겪게 된다.

이런 파도에서 비켜나려면 처음부터 유행을 타지 않는 먹거리를 택하는 게 좋다. 채식 관련 음식점 경영자 중에는 급격한 가격 폭등을 겪으면서 업종을 바꾼 사람이 적지 않다. 닭고기 등 육류를 취급하더라도 처음부터 안전장치를 해 두는 것이 도움이 된다. 고기 뷔페의 경우 다양한 해물류와 육류를 함께 갖추고 있다면 광우병과 조류 파동에도 불구하고 이전의 매출을 꾸준히 유지할 수 있다.

또 고깃집에서 추어탕이나 비빔밥 같은 야채를 결합한 메뉴를 보완해 매출을 만회하는가 하면 샤브샤브전문점에서 쌈밥을, 치킨점에서는 피자를 첨가해 광우병이나 조류 독감 파동을 극복하는 사례도 있다. 횟집들은 식중독 파동을 피하기 위해 구이 메뉴나 해물탕, 해물찜 요리 같은 아이디어를 냈다. 식품 안전 문제는 한두해 겪는 일이 아니다.

문제가 생기면 대체 메뉴를 선보이고 식재료를 바꾸고 연관성이 없다는 사실을 적극적으로 홍보하는 등 순발력 있게 대응해야 피해를 최소화할 수 있다. 최근의 코로나 같은 장기화로 유행이 지속될 때는 밀키트 사업에 관심을 두는 것도 필수적이라 할 수 있다.

요즘처럼 배달문화가 활성화된 적도 없다. 그러므로 포장 음식을 개발하는 것은 선택이 아니라 필수가 되었다. 매장에서 판매하는 것을 밀키트화하여 매장에서 먹을 수 없는 고객을 상대로 밀키트 제품을 준비하여 만들고 홍보하는 것은 향후 코로나 같은 대유행이 지속되는 상황에 선택이 아닌 필수이므로 철저한 준비가 필요하다.

04. 한 가지 먹거리만 팔지 마라

　　　　　　한 매장에서 두 개 이상의 업종을 취급하는 매장 복합화 바람이 거세게 불고 있다. 매장 복합화 사업의 가장 큰 특성은 단순히 하나의 업종에 다른 메뉴를 추가하는 수준이 아니라 한 매장 안에 각각의 업종 기능을 그대로 유지하면서 결합했다는 점이다. 일반적으로 호황기에는 업종 세분화가 강하게 되는 반면, 불황기에는 매장 복합화가 추진되는 경향이 강하다. 따라서 매장 복합화 추세는 불확실한 시장 동향과 개성을 추구하는 소비자들의 요구와 맞물려 강세를 보일 것으로 전망된다.

　대표적으로 커피전문점에서 커피를 중심으로 다이어트 식품 등 복수 메뉴를 취급하는 경우가 늘고 있다. 다이어트 식품을 함께 파는 것도 매출 증대를 겨냥한 아이템이라 할 수 있다. 퓨전 생맥주 전문점은 단순히 맥주만 마시는 곳이 아니다. 다양한 퓨전요리를 주력 제품으로 격상시켜 놓았다.

　생맥주 전문점의 최근 경향은 집에서 가까운 곳에서 부담 없이 한잔할 수 있는 선술형집 전문점이 늘어나고 있다. 이에 따라 지역 상권을 중심으로 운영되는 소형 생맥주 전문점이 신 업종으로 자리를 잡아가고 있는지 오래다.

코로나 이후 집에서 스마트 폰을 통해 모든 것을 해결하려는 소비자들이 많아지면서 유망 업종으로 급부상하고 있는 먹거리 아이템은 간식 식품일 것이다. 이런 간식 중에는 치킨이나 피자. 햄버거나 샌드위치, 케이크나 빵 등 다양하다.

이 밖에도 새로 생겨나는 배달 전문점들은 한 가지만을 고집하지 않고 치킨, 피자, 케이크, 스파게티, 팥빙수 등 다양한 메뉴를 함께 취급하여 일거양득의 비즈니스를 활용하고 있다. 한 번 걸음하여 팔 수 있는 것을 다 파는 것도 좋은 아이템이나, 업주의 입장이 아닌 소비자의 입장에서 연구해야 성공할 수 있는 아이템임을 명심해야 한다.

05. 맛과 끼를 살려라

      뭐니 뭐니 해도 먹는 장사가 남는 장사라는 말처럼 음식 장사해서 성공한 매장들은 사람들이 많은 번화가에 있다. 하지만 그렇게 좋은 입지가 아닌데도 차별화된 맛과 자기만의 노하우로 매일 문전성시를 이루는 매장들도 있다. 이 매장들은 대부분 수년, 수십 년을 한자리에서 운영해 온 집들이 대부분이다. 또한, 건강과 맛을 동시에 내세우는 우리의 전통 음식이 주를 이루고 있고, 독특하게 튀는 아이디어와 별난 것에 대한 도전정신으로 외식사업에 성공한 대표적인 사례도 있다.

  필자의 지인분 중에는 고깃집을 하다 망한 집을 인수했는데 진입로가 비포장도로인 데다 외딴곳이라 주변의 반대가 심했다. 그러나 그는 손님을 끌어들일 수 있다는 자신감 하나만으로 무조건 시작했다. 입지에 상관없이 맛있는 집으로 소문만 나면 손님들이 찾아올 것이라는 확신했기 때문이다. 개업 후 그는 다른 식당에서는 쉽게 먹을 수 없는 특이한 메뉴를 선보이는 전략을 세웠다. 대나무에 숙성한 고기를 시작으로 시중에서는 쉽게 구할 수 없는 특이한 전통 건강음식을 주로 취급했다. 이러한 음식은 고객이 한 번 맛을 들이면 계속 찾아와서 먹는 특징이 있다. 또한 자신의 색소폰 연주 솜씨를 손님들에게 선보이며 손님들과 친구가 되는 놀이문화를 형성했다. 차별이라는 것은 어떤 것이든 자신의 능력을 최대한 발휘하지 않으면 외식 시장에서 살아남을 수 없다는 것이 그분의 소신이다. 그분이 말하는 성공 포인트는 맛, 푸짐함, 친절한 서비스이다. 또한, 자신의 재능까지도 모두 팔아야 하며, 성공은 모든 것이 주인에게 전적으로 달려 있다고 말한다.

외식사업은 운영자가 음식을 만드는 데 취미가 있고 요리에 관심을 가지며 매장에 열정을 다해 운영한다면 식당은 절대 망하지 않는다는 것이 그의 지론이다. 그러나 필자는 이런 재능이 있는 사람만이 성공한다고 보지는 않는다. 때론 시대에 맞는 음식을 개발하여 성공하는 사례도 있고 음식을 만들 줄은 몰라도 호두과자나 델리만쥬 같은 기계를 통하여 즉석식품 판매로도 성공하는 경우가 많다. 이런 즉석식품 기계로 위치선정을 하여 단순한 식재료를 가지고도 자신의 근면과 성실함도 훌륭한 끼가 될 수 있다고 본다.

06. 체계적인 운영으로 승부하라

부산에 사는 필자의 지인은 생선 냉동고 관리인으로 근무하면서 생선구이 전문 식당을 상대로 생선을 도매하고 있었으므로, 생선구이 식당에 대한 전반적인 상황과 매출액 등을 잘 알고 있어 모둠 생선구이 전문점을 창업하기로 했다. 지역 특성상 경쟁이 치열한 횟집보다 남들이 하지 않는 독창적인 아이템을 찾던 중 자신의 사업장 주변 지역에서 생선구이 전문점이 없는 것에 고안, 창업 당시 그 지역에 하나밖에 없는 모둠 생선구이 전문점 창업을 하게 된 것이다. 상권은 바닷가 인근 지역으로 시 외곽에 있는 식당보다 상대적으로 유리한 위치를 점할 수 있고 경쟁력 있다는 결론을 도출하고, 생선구이를 주메뉴 아이템으로 선정하게 된 것이다.

오랜 세월 이 지역에서 자란 인맥구축과 각계각층의 많은 대인관계를 토대로 적극적인 영업전략을 수립했다. 관공서 및 공공기관 스티커 제작 및 부착, 관내 대상 업체 전단지 배포, 입간판 설치 및 먹거리 입구에 플래카드 부착 등을 통해 마케팅 활동을 해 나갔다. 영업 전략은 먼저 지연, 학연, 혈연 등 각계각층 인맥을 공략하고자 개점일을 여러 차례로 나누어 오픈하기로 결정하고 안내장을 개점 일자에 맞추어 사람별로 구분하여 발송했다.

메뉴는 주메뉴 모둠 생선구이, 보조메뉴는 활어회, 기본메뉴는 해산물을 곁들이기로 선정하고, 식탁을 드럼통으로 예전의 대포집 분위기로 인테리어 설계를 했다. 물론 비즈니스 및 단체고객을 위한 특실도 따로 마련했다. 지금 보면 건평 60평에 음식점을 창업한 다는 게 보기보다 많은 자금이 소요됐지만, 일반적인 음식점이 아닌 차별화된 음식점을 영위할 수 있는 창업아이템 선정과 매장 분위기에 맞는 주 메뉴, 보조메뉴, 기본메뉴를 고객의 취향에 맞게 운영한 것이 잘 맞아떨어진 셈이다.

입지선정에서부터 자금조성, 인테리어 지도, 마케팅 전략까지 전략적으로 세워나가 1일 100만 원 정도로 안정적인 매출액을 올리고 있으며, 일반관리비 및 판매비 등을 공제하고 월간 순이익은 1천만 원 정도로 기대한 만큼 순이익이 있어 성공적인 창업을 일구었다. 적성에 맞는 아이템 선정과 체계적인 홍보전략이 창업 성공의 관건임을 보여준 사례다.

07. 돈이 없으면 배달업에 승부를 걸어라

　　　　　　　　필자의 지인 중에 오랜 기간 유통업을 하다 경기가 위축되면서 매출부진으로 인해 유통업을 폐업한 직후 매사에 자신감이나 의욕이 극히 상실된 상태에 있던 분이 있다. 주거지에서 멀지 않은 곳에 동네에서 맛있기로 소문난 치킨점을 소개받게 되었다. 본점이 이렇다 할 실적은 없었으나, 본점의 사장이 제품에 대한 긍지가 매우 높았으며, 투자비가 적게 든다는 것이 마음에 들었다.

　더욱이 적은 가맹비는 위험요소가 없다는 데에 기대를 걸고 그는 치킨 배달 전문점을 창업하기로 했다. 매장은 배달중심의 판매 형태라는 점을 감안해 임차료가 비싼 대로변보다는 이면도로에서 적은 평수로 임차료가 저렴한 매장을 선정했다.

　마케팅과 홍보는 자금예산이 매우 적어 일단 전단지와 DM 방법으로 홍보를 하되 반드시 직접 홍보를 하면서 직접 전단지를 배포하였다. 자신의 홍보 효과를 알기 위해 일정 지역별로 일정 기간을 두고 배포하면서 홍보 효과를 분석한 후 미비점을 보완해 단계적으로 실시했다.

　그 결과는 일반적으로 얘기하고 있는 2~3%보다 훨씬 높은 효과를 거둔 것으로 나타났다. 또 단순한 매장광고 내용을 탈피해 제품의 효능과 나라마다 특이한 닭의 종류 등을 소개한 내용을 담아 연하카드식으로 예쁘게 꾸며 누구나 한번 뜯어볼 수 있도록 제작했는데, 상당히 만족할 만한 수준이었다. 그 결과, 창업 당시 우려했던 매출실적이 채 3개월도 지나지 않아 1천만 원의 매출실적과 약 5백만 원의 순이익을 벌었다.

필자의 생각으로는 당시 그의 적성 및 당시 처해 있던 상황에서 가장 적합한 창업 아이템을 선택한 것과 그리고 체계적이고 구체적으로 수행한 홍보 전략이 적중한 것으로 보인다.

발로 뛰는 배달 사업은 소자본으로 적격 업종이다. 특히 주인이 직접 발로 뛰어 일하는 배달업이라면 실패할 확률이 가장 적다고 볼 수가 있다. 손님의 불평을 직접 듣기에 바로바로 시정은 물론 친절 또한 아무리 훌륭한 직원이라도 사장을 따라갈 수는 없기 때문이다.

최근 들어 한 공간에서 공동으로 공용주방을 사용하면서 다양한 음식을 만들어 배달만 전문적으로 하는 업체들이 늘어나고 있는 것이 추세이다. 공용주방이라는 신종 배달전문 요식업이다. 각자의 요리사가 자신의 요리를 만들어 공용주방을 사용하여 배달만 전문적으로 하는 것이다.

돈이 없어 창업을 못 하는 게 아니고 열정이 없는 것이 창업을 못 하는 것이라 생각한다.

08. 작은 서비스가 매출을 좌우한다

우리나라 사람들은 인정이 많다.
그래서 아주 작은 일에도 감동과 정을 느낀다.
음식점을 운영하시는 분들은 이 점을 알아야 한다.

예전엔 음식점이나 카페 등에서 빵이나 과자 등 부대 서비스가 좋았는데 요즘은 심한 말로 물도 제대로 얻어먹지 못하는 경우도 있다. 부대 서비스 재료가 턱없이 올라서라기보다는 업주가 무엇인가를 준비하려는 정성이 부족해서다.

어느 장사 잘되는 분식점 주인은 라면이나 칼국수를 시키면 작은 공기에 공깃밥을 서비스로 준다. 그리고 어느 중국집에서는 식사는 안 시키고 요리만 시켰어도 자장면이나 만두를 서비스로 준다. 또한, 어느 식당은 수시로 손님 주변 테이블을 돌아다니며 알아서 밑반찬을 주는 주인도 있다. 치킨을 시키면 생맥주를 작은 잔으로 한 잔 무료로 주는 호프집도 있다. 갈비를 먹다 남으면 손님에게 정성스럽게 포장하여 싸주어도 되겠냐며 물어보는 사장도 있다.

장사가 잘되는 집은 서비스가 다르다.

그것은 대단한 서비스가 아니다.

작은 서비스다. 하지만 감동은 오래간다.

손님들은 자신을 특별히 대해주는 매장을 찾는 것은 당연하다. 업주는 손님을 돈으로 보면 안 된다. 음식을 파는 것은 먹을 것을 파는 것이지만 또한 먹을 공간도 파는 것이다.

"눈칫밥을 먹으면 체한다."라는 말이 있다. 편하게 먹을 수 있는 환경은 여러 가지가 있지만, 그중에서 가장 으뜸은 손님에 대한 응대이다. 진정 마음에서 우러나와야 한다는 전제가 깔려 있지 않으면 할 수 없는 작은 서비스가 매출을 좌우한다는 걸 먹거리 업주들은 잊지 말아야 한다.

매출 중에 업주가 매장에 있을 때와 없을 때 매출 차이가 나는 것도 바로 이런 이유에서다. 왜냐하면, 직원은 서비스 결정권이 없다. 예를 들어 무엇을 더 주려고 하여도 결정권이 없기 때문에 함부로 줄 수가 없지만, 업주는 바로 결정을 할 수 있고, 그에 따른 서비스가 가능하기 때문이다. 또한, 업주가 보고 있는 상태에서 직원이 손님들에게 불친절하게 대할 수 없으며, 손님의 요구나 불만을 바로 시정하여 줄 수 있기에 될 수 있으면 업주는 매장을 지키는 것이 좋다.

09. 저가의 먹거리를 개발하라

　　　　　　고객 입장에서 요리 시간이 길지 않고 손쉽게 먹을 수 있으며, 가격도 저렴해 학생이나 직장인들까지 폭넓은 인기를 누리고 있다. 그러나 유사한 업종이 많아 경쟁이 치열하다는 것이 흠이다.

이에 따라 최근에는 기존 사업스타일과 차별화된 전략이 필수적이다. 김밥, 떡볶이, 순대 등 일반적인 메뉴에서 탈피하여 고급화를 하거나 가격을 대폭 내리는 가격파괴 전략 등이 대표적인 차별화 사례들이다.

시장현황

식사대용으로 많이 찾는 김밥 전문점은 한국형 패스트푸드로 불린다. 오래전 필자가 어려서부터 생기기 시작한 김밥 전문점은 일반적인 분식집 메뉴의 하나였던 김밥을 독립시켜 이젠 전문화한 김밥 전문점들이 즐비하다. 이후 만두, 떡볶이 등 다른 분식집 메뉴들이 잇따라 전문점 간판을 달고 독립했다. 기존의 김밥, 떡볶이 등의 분식과 달리 새로운 메뉴를 가지고 나온 분식점도 속속 등장했다.

일본에서 대중적인 인기를 끌고 있는 생라면을 한국 입맛에 맞게 개발한 생라면 전문점이 대표적이다. 생라면은 즉석에서 쫄깃하게 뽑은 면발을 다양한 재료와 조리법으로 끓여낸 것이다. 기름기가 적고 담백한 맛이 특징이다. 출출할 때 간단하게 끓여먹던 간식거리에서 정식 음식으로 격상된 것이다.

즉석 생만두는 기계를 사용하여 만두를 만들기 때문에 인건비가 들지 않는다는 이점이 있어 인건비 절감으로 값을 내려 저렴하게 받는다. 또한, 기계로 만두를 빚게 되면 시간당 약 1천 개 이상의 만두를 만들 수 있다. 메뉴도 고기, 김치 외에 비수기인 여름철 제품으로 과일 만두를 판매하는 등 이색 메뉴로 다양화했다. 중국 식당 중에는 많이 팔리는 음식의 가격을 파괴해 3천 원짜리 자장면을 판매하고 있는 자장면집도 있다.

분식점의 주 고객층은 초등학생부터 20~30대 직장인까지 폭이 넓다. 따라서 적정 입지는 아파트 단지 및 학교 주변, 사무실 밀집지역, 역세권 등이다. 매장이 들어서는 입지 조건에 따라 주 고객층이 달라지므로 이에 맞는 차별화 전략을 세우는 것이 중요하다. 예를 들어 여대 앞에서는 깔끔한 인테리어의 분식점이 적합하고, 사무실 밀집지역에서는 점심 식사를 해결할 수 있도록 종합 분식점이 알맞다. 그리고 모든 외식업에 공통 사항이지만 무엇보다도 음식의 맛으로 승부를 걸어야 한다. 인근의 유사 업종과 차별화된 독특한 맛과 지속적인 메뉴 개발이 필요하다.

체인점의 형태로 운영된다고 하더라도 음식의 맛이 다 같을 수 없기 때문에 점주가 꾸준히 노력해야 한다. 품질 고급화를 위해서 인공 조미료나 감미료의 사용은 되도록 억제하는 것이 좋다. 인테리어도 요즘 트렌드에 맞는 감성을 살려서 연출하는 것이 필요하다. 또 독특하고 고급스러운 인테리어와 재미있고 다양한 이벤트 행사 등으로 고객에게 특별한 인상을 심어주는 것이 단골 고객 확보의 지름길이다.

10. 작은 매장이라도 전략이 없으면 실패한다

아무리 작은 매장을 낸다고 하더라도 고려할 조건들이 많다. 전직이 어떤 것이었든 새로 뭔가를 시작한다고 하면 당당히 시작할 수 있는 자신감, 비록 포장마차라도 창업 전부터 탄탄한 영업전략을 세워야 한다. 자신의 이름을 걸고, 심지어는 전화번호까지 그 전략에 맞추는 등의 전략적 사고와 경쟁업체 분석 등 철저한 시장분석 아래 행해지는 마케팅 능력은 누구나 다 가질 수 있는 게 아니다. 아무리 작은 식당을 차리더라도 전략은 있어야 한다. 사장은 전략적 사고방식을 가져야 한다. 전략적 사고방식만 있으면 다양한 전술을 구사할 수 있기 때문이다.

예를 들어, 만약 매장 테이블의 회전율을 높이고 싶다면 서서 먹게 하는 거다. 그 대신 싸게 판매함으로써 이런 소비자의 고통 분담을 호소하는 저가전략은 다소 가격이 나가는 음식에 더 어울리겠다. 회를 비롯해 게, 가리비 등의 해산물과 초밥, 훈제 햄 등을 예로 들 수 있다. 또 회 센터처럼 무게로 가격을 책정하는 방식으로 한다면, 말 많은 음식물 쓰레기마저 줄일 수 있으니 일거양득이다. 그렇다고 소비자에게 무작정 서서 먹게 하는 게 이 전략의 포인트라 볼 수는 없다. 이 전략의 핵심은 소비자에 고통 분담을 주는 대신 싸게 파는 것이다. 서서 먹게 하든 아니면 반찬을 좀 줄이든 또는 배달 서비스를 없애 직접 와서 포장해 가지고 가게하든 말이다.

비용 절감 효과가 있을 수 있는 것이라면 소비자에게 거품을 뺀 고통 분담을 호소하는 전략인 것이다. 싸게 판다는 전략으로 정말로 값을 싸게 판다면 다소 불편하더라도 소비자 입장에서 선택의 폭이 넓어져 싼 쪽에서 구입하게 되어 있다. 이것이 불황기에 먹히는 전략으로 작은 매장에서도 얼마든지 전략을 연구하여 마케팅을 한다면 큰 매장 못지않은 매출을 기대할 수 있다. 단, 싸게 판다고 질까지 떨어지는 식재료를 써서는 안 된다. 싸고 좋은 것이 진짜 좋은 것이라는 것을 잊지 말아야 한다.

11. 음식을 만들 재주가 없으면 체인점을 이용하라

갈비집을 운영 중인 필자의 지인은 지역상
권 변화와 경쟁 업체의 등장으로 고액의 인건비를 주며 주방장에
게 의존해야 하는 갈비집을 더 이상 운영한다는 것이 미래 사업
성이 없다고 판단하여 업종전환을 모색했다. 더욱이, 갈비집은 많
은 인력이 필요하여 장사가 안 될 시는 인건비가 적지 않은 부담
이다.

그는 업종전환 시 적은 인력으로 운영할 수 있는 사업을 모색하
였다. 그는 자신이 살고 있는 집 근처가 도심권이 확산되면서 한적
한 단독 주택지였던 곳에 대단지 아파트가 들어서 부도심화된 지
역 특성과 코로나 방역 체제의 어려운 사회 경제적 측면을 고려해,
중저가의 프랜차이즈점이면서 전문지식이 있는 주방장을 고용하지
않고 단순 알바를 고용해도 되는 꼬치구이 전문점을 선정하였고,
안정적인 영업과 유행에 맞는 맛을 본사에서 공급해주는 이점을
높게 평가했다.

그는 체인 본사의 재정 자본금과 사업 영속성에 신뢰감이 있는
점 등으로 타 체인점보다 안정성과 사업성과 영업활동 등을 본사
에서 지원하기에 별도의 영업비용이 필요치 않으므로 즉시 안정된

경영을 할 수 있다는 생각에 심사숙고 끝에 믿을 만한 가맹점과 계약을 체결하였다.

특히 시기적으로 저가 위주의 안주메뉴가 사회 분위기와 영합했으며, 그가 선정한 본사는 재료의 원활한 공급과 조리법이 용이하여 가맹비와 인테리어 시설비가 비교적 저렴해 초기 자본금 부담이 덜했고, 요리의 주요 고객층이 청·중·장년층으로 다양하여 전국적인 체인망으로 홍보가 극대화되는 가맹점을 선택하였기에 개업과 동시에 안정적인 사업을 시작할 수가 있었다.

또한, 주변 대단지 아파트와 단독주택이 밀집되어 있는 주거지역의 예상 고객이 포진되었고, 유사 업종과 경쟁매장의 출현이 희박했으며, 주위의 산재한 무료주차공간을 활용하고 음주운전 단속강화로 주차장 입고 후 가볍게 한잔할 수 있는 주거지역 길목에 인접했던 것이 그의 성공 요인으로 꼽을 수 있다.

그는 탁월한 상권분석으로 갈비집을 정리하여 프랜차이즈로의 업종전환에 성공한 케이스라 볼 수 있다. 차별화된 먹거리를 만들어 낼 수 없다면 프랜차이즈를 이용하는 것도 위기 돌파구임을 생각해 볼 필요가 있다. 프랜차이즈라고 해서 모두 성공하는 것은 아니다. 프랜차이즈를 선택할때는 브랜드의 인지도도 있지만 매장의 위치도 매우 중요하다.

12. 정성으로 먹거리를 만들어라

　　　　　　햄버거 대신 김밥을 피자 대신 빈대떡을 이제는 몇 분 아니 몇 시간을 더 기다리더라도 손맛과 정성이 들어간 요리들이 더 각광받는 시대가 되었다. 패스트푸드가 일반 고유 먹거리에 서서히 자리를 내주고 있는 것이다. 요즘 가장 두드러진 것은 자연과 토속에 관한 관심이다. 요즘은 오랜 숙성기간을 거친 된장이라 다소 값이 비싸더라도 찾는 사람이 꾸준히 늘어나고 있다고 한다. 이러한 변화는 외식문화에서도 두드러진다.

　기름진 서구 음식 대신 한정식집이나 보리밥집에 대한 개업이 늘어나고 있다. MZ세대들이 주로 활동하는 서울 내 지역에도 패스트푸드점 대신 대형 두부 요리 전문점, 솥밥집 등이 개점하여 성업 중이다. 손맛을 느낄 수 있고 정성이 들어간 음식쪽으로 많이 몰리는 추세라는 것이다.

　특정한 재료나 요리법보다는 정성스레 숙성시킨 장류 위주로, 순식간에 만든 음식이 아니라 오랜 정성 없이는 만들어 낼 수 없는 먹거리에 많은 관심이 쏠리고 있다. 이런 오랜 시간을 걸쳐 만들어 내는 음식은 정통성을 유지하여 항상 같은 맛을 내는 것도 있지만, 정성 없이는 판매할 수 없는 먹거리다.

한 번 잘못 만들어놓은 먹거리는 엄청난 피해를 보기 때문에 만들 때부터 정성이 들어가기 때문이다. 요즘은 여기서 더 한 발짝 나가 상추 등 간단한 먹거리는 직접 마당에서 지배하여 사용하는 집도 늘어나고 있다. 바로 마당의 밭에서 따온 싱싱한 야채를 사용하는 것이다. 이렇듯 요즘은 정성을 기울이지 않고는 다른 먹거리에 이길 수 없다는 새로운 정성 먹거리가 대두되고 있다.

자연 친화적인 먹거리는 이젠 또 하나의 먹거리 장르를 이끌고 있다. 직접재배나 생산이 힘든 경우에는 친환경 업체와 제휴를 통하여 운영하는 것도 추천한다. 예를 들어 유명한 식재료 장인이 만든 식재료 회사와 업무협약을 맺는다든가, 농수산물을 직접 유기농으로 재배하는 곳에 의뢰하여 독점적으로 식재료를 공급받아 유기농 제품임 고객에게 알리는 것도 좋은 방법이다.

요즘은 6차 산업이 대세이다. 농수산물을 직접 재배하여 가공하고 이를 식재료로 사용하여 조리하고 이를 고객에게 제공하고 포장배달은 물론, 정성 들여 밀키트화하여 온라인 판매까지 이루어지는 요식업체가 날로 증가하고 있다. 식재료의 생산부터 정성 들여 만든 음식은 고객에게 좋은 호응을 받을 수밖에 없다.

13. 돈이 없다면 창업지원 센터를 이용하라

　　　　　　수년간의 음식점 주방 근무 경력을 갖고 있던 필자의 친구는 창업을 결심하여 준비하였고, 준비하는 과정에서 모르는 내용은 소상공인 청년창업지원센터의 도움을 받았다. 부족한 자금은 정책자금으로 활용해 금융비용을 최소화하였으며, 입지와 고객에 맞는 마케팅전략으로 높은 성과를 올리고 있다.

　내외장 공사비는 자신이 직접 인테리어 업자의 심부름을 하면서 인건비를 아꼈고, 냉장고 등 주방용품은 황학동 중고 시장을 돌아다니며 구입하였으며, 테이블 등은 중고 매장을 찾아다니며 창업비용을 최소화했다. 자금조달은 본인이 준비한 금액과 신용보증재단의 창업지원자금을 지원받아 충당했다.

　메뉴 구성은 삼겹살을 주력메뉴로 선정하고, 타 매장에 대한 경쟁력 확보를 위해 기본메뉴와 고급메뉴로 세분화했다. 목표 고객이 가족 단위의 고객이므로 메뉴 구성과 분위기를 이에 맞추도록 하고 마케팅 전략도 가족 단위의 고객에게는 할인을 해주는 등의 방법을 모색했다. 또 배후의 주거지역을 고려해 한 번 방문한 고객에게는 명함 대신 명함 크기의 스티커를 배포해 배달고객으로 연결되도록 조치했다.

주방을 본인이 직접 담당하고 창업을 하고 싶었던 후배에게 홀서빙을 맡겨 단순한 직원이 아닌 공동 운영자라는 인식을 심어주고 함께 성장하고 있다. 인건비 등 경비부담을 최소화시키며 월평균 매출액 1천5백만 원 이상의 높은 실적을 거둬 5백만 원 이상의 순이익을 올리고 있다.

초기에 같이 일하던 후배 또한 창업 당시 같이 운영한 경험을 바탕으로 2호점을 오픈 중이다. 성서 구절처럼 "구하라, 그럼 구할 것이요."란 말처럼 돈이 없어서 창업을 두려워하지 마라. 열정과 의지, 그리고 철저한 상권분석과 주방장을 고용하지 않고 먹거리를 만들 수 있는 능력만 있다면 창업을 해도 실패할 확률은 낮다.

14. 무작정 창업을 하면 무조건 망한다

중견기업에서 근무하던 필자의 지인은 구조조정의 한파로 항상 불안해하였고, 그런 자신이 한심하다는 생각이 문뜩 떠오른 순간, 가차 없이 사표를 내던지고 퇴직금으로 받은 종잣돈과 살고 있던 아파트 담보로 대출을 받아 창업을 시작하였다.

자신이 회를 좋아한다는 이유로 자신이 좋아하는 먹거리를 선정하였고, 주먹구구식의 사업 타당 계획으로 창업을 시작하였다.

회사에서 중간간부로 있었기에 나름 폼 나는 창업을 하고 싶었기에 무리해서 큰 평수를 얻었다. 개업 후, 회사를 다닐 때 만들어졌던 인맥을 통한 홍보 전략을 사용했다. 그분은 하루에 매출 50만 원을 최고로 예상했으나 예상외로 70만 원의 매출이 오르게 되었다고 한다.

그러나 창업 3개월 후 눈에 띄게 줄어드는 매출에 참담함을 느꼈고, 요리에 대해 아는 지식이 전혀 없었던 그분에게 주방장은 3개월 만에 월 급여 250만 원을 350만 원으로 올려달라고 했고, 주방보조 및 밥과 반찬 담당 보조 및 서빙 종사자들이 150만 원에서 2백만 원으로 급여인상을 요구했다. 더욱이 6월달까지 회를 즐겨 찾던 이들도 여름철이 다가오자 휴가철과 함께 매출이 떨어지기 시작하면서 상가밀집지의 유동인구도 줄어들었고, 코로나가 시작하면서 적자를 모면한다는 생각에 종사원을 2명이나 감원하였다. 하지만 매월 인건비 수백만 원과 월세 250만 원 등 기타비용의 누적은 눈덩이처럼 커져갔다고 한다.

더욱이 코로나는 구제역이나 조류독감처럼 잠시 유행하는 것이 아니라 1년 넘게 지속되었고 창업 1년 만에 보증금까지 월세로 다 소진되어, 결국 2년 임대 만기에 나올 때는 밀린 월세로 보증금을 정산하고 나니 시설비도 단 한 푼 받지 못하고 빈털터리 실업자가 되었다고 한다. 그분의 장빛빛 환상은 깨지고 말았다.

그분의 실패 요인은 본인의 적성에 맞지 않은 아이템 선정과 초기 과도한 자금투자로 재투자가 불가능했고, 과도한 임대료와 매출에 걸맞지 않은 인건비 등의 비용부담 때문에 중도 하차한 경우이며, 창업 이후 여유 자금이 있도록 과도한 투자를 삼갔어야 했다.

서민형 횟집이면서 번화가를 선정하여 주차 공간 부족하였으며, 자신이 좋아하는 음식이라고 무작정 뛰어들어 최소한의 업종에 대한 기본지식을 습득하지 못해 직원들의 관리가 쉽지 않았다. 50평 이상일 때는 이미 혼자서 카운터를 보고 서빙을 도울 수 있는 범위를 벗어났다. 사업투자금액의 규모에 비해 사업장이 관리하기 벅찰 정도로 넓었고, 사업주가 한눈에 매장 내의 상황을 체크할 수 있어야 했다. 무조건 직원을 해고하는 것은 양질의 서비스가 결렬

될 수가 있다. 더욱이 사장은 주방장처럼 능숙하게 조리를 할 수는 없지만, 맛을 내는 데는 주방장 못지않은 노하우를 가져야 한다.

즉흥적인 창업은 무조건 망한다는 것을 명심하길 바란다. 여기서 특히 필자가 강조하고 싶은 것은 창업은 젊었을 해야 한다는 것이다. 창업을 정년퇴직이나 명예퇴직하고 창업을 한다는 것은 자신이 다니던 회사의 일과 연관되는 것이 아니라면 성공한다는 것은 쉽지 않다. 더욱이 나이가 중년이 되어서 다니던 회사를 다니다 그만두거나 실직하여 창업을 하여 실패를 한다면 그것은 본인만 실패하는 것이 아니라 온 가족이 실패할 수도 있기 때문이다. 중년의 나이가 되면 자녀들이 최소 중고등학생이고 부모의 창업실패는 단순히 창업실패로 끝나지 않고 자녀들에게도 큰 영향을 주기 때문이다.

그래서 필자는 창업은 청년 시기에 도전해야 한다고 생각한다. 청년 시기에 실패는 본인만 실패하는 것이고, 더 엄밀히 말하면 좋은 경험을 하는 것이기 때문이다. 청년 시기에 창업은 도전이고 경험이고 노하우를 얻는 것이라면 중년의 창업은 도박이고, 모험이고, 가족을 위기에 빠뜨릴 수도 있기 때문이다.

15. 실패는 성공의 어머니이다

실패를 하는 사람들은 원인을 외부에서 찾는 경향이 강하다. 모든 일은 자신으로부터 시작하고 자신에게서 끝난다는 평범한 진리를 잊고 사는 것이다. 과거를 검증할 수 있는 사람만이 미래를 볼 수 있는데도 말이다. 실패한 이들은 다음과 같은 특징이 있다.

첫째는 소비자 상권분석을 너무 소홀하게 취급한다.

분당이나 일산, 평촌과 같은 서울 위성도시를 단순하게 인구밀도나 차량 보유 대수 등 일반적인 통계자료로 입지를 분석한다면 잘못된 생각이다. 위성도시는 주로 생활권이 서울이기 때문에 단순비교가 어렵다.

둘째는 입지분석에 너무 돈을 아끼려는 경우다.

입지분석은 과학이다. 오픈 전에 얼마간 드는 비용이 아까워서 피해간다면 나중에 더 큰 피해를 입을 가능성이 다분하다.

셋째, 경쟁매장이 들어설 것을 예상하지 못한 경우다.

한 업종에도 프랜차이즈 사업자는 무척 많다. 치킨이나 호프 주점만 해도 가맹 사업자가 수없이 많으며, 새로 도입되고 있는 디저트 카페 프랜차이즈도 기하급수적으로 늘어나고 있다. 브랜드가 다르고 가맹사업자가 다르면 언제라도 바로 옆에 들어설 가능성이 있다는 것을 염두에 두어야 한다.

넷째, 업종에 대한 신뢰가 절대 요구된다.

유행한다고 즉흥적으로 결정한 아이템으로 창업하는 것처럼 어리석은 것은 없다. 새로운 것을 접목하기 위해서는 실패한 사례들을 잘 살펴보는 것도 지혜라 하겠다. 우리 주변에 먹거리로 성공한 사람보다 실패한 사람에게 귀를 기울여야 실패의 원인을 분석하고 자신에게 적용하는 것도 실패를 성공의 어머니로 생각할 수가 있다.

다섯째, 음식에 대한 조리 지식이 없다.

자신이 먹고 싶은 음식 또는 좋아하는 음식을 만드는 깃이 아니라 팔 음식을 만든다는 것을 명심해야 한다. 손님의 입맛을 맞추어야지 자신의 입맛에 손님을 맞추어서는 안 된다.

여섯째, 무리한 투자를 한다.

창업을 하기 전에 자신의 자금 여력에 맞추어 오픈해야 한다. 우선 초기 창업 시 예상 매출의 저조로 발생할 리스크를 위해 예비비를 준비해야 한다. 장사가 잘 될 거라는 막연한 확신으로 있는 자금을 모두 투자하면 추후 거래처의 미결재로 신용을 잃어 식재료를 받지 못하거나 인건비를 주지 못하여 노동부로부터 고발을 당하거나 하면 의지가 상실되어 경영의 어려움을 겪게 된다.

일곱 번째, 직업과 취미를 혼동한다.

직업은 돈을 버는 것이고, 취미는 여가활동이다. 흔히들 외식사업을 창업할 때 자신은 '음식 만들기를 좋아한다.'라거나 '음식은 누구나 먹어야 하기 때문에 망하지 않는다.' 또는 '음식 장사를 하면 굶기야 하겠냐?' 등 이런 마음가짐으로 외식사업을 하려 한다면 필자는 먹거리 창업을 말리고 싶다.

소비자들은 편안하게 남다른 서비스를 받으면서, 맛있는 음식을 집에서 먹는 것 이상의 만족감으로, 단순히 한 끼를 때우는 장소가 아닌 분위기 있는 편안한 장소에서 싸고 맛있는 음식점을 찾는 것이 소비자들의 보편적인 마음이 아닐까 싶다.

여덟 번째, 직원관리를 소홀히 한다.

직원들은 사장이 성공하는 것에는 그리 관심이 없다. 자신의 월급에만 신경 쓰는 게 현실이다. 현실과 이상을 구분해서는 안 된다. 직원을 신뢰하는 것과 경영하는 것은 다른 차원이다. 직원이 사장 마음 같지 않다는 것을 명심해야 한다.

16. 무분별한 업종 변경을 하지 마라

　　　　　　　　한식당에서 매니저 생활을 그만두고 직원 2명과 함께 약 1년간 분식점을 운영한 필자의 친구가 있다. 그 친구는 1년 후에 손익결산을 한 결과, 직원 인건비를 제외하면 투자비에 대비하여 만족할 만한 결과를 얻지 못했다고 판단하여 1차로 업종을 변경하기로 했다.

　고민 끝에 생각한 것이 호프집이었다. 그는 그동안 투자한 투자비와 차용한 금액에 대한 이자를 내기 위해 의욕적으로 운영하기로 하고 오후 1시부터 새벽 3시까지 영업을 하기로 했다. 호프집은 술값이 싸기 때문에 안주를 팔아야 하며, 대형점으로 운영을 해야 하는데, 실 평수 24평으로는 매출액이 기대에 못 미칠 뿐만 아니라 낮에는 매출이 거의 없고 퇴근시간 오후 5시부터 매출이 발생했다.

　임대료가 비싼 매장에서 낮 영업시간에 조금이라도 매출을 올리기 위해 머리를 싸맨 결과 점심시간에 한식을 팔기로 하고, 또다시 낮에는 분식집, 밤에는 호프집으로 운영해 매출을 올리기 위해 안간힘을 썼으나, 은행이자를 내기에 벅찬 현실에 직면하고 있다.

　그 친구는 매니저 경력으로 자기만이 할 수 있다는 자만심과 타인의 조언만 듣고 쉽게 업종 변경을 한 결과 실패한 사례로써, 업종 변경 시에는 초심으로 돌아가 반드시 문제점을 짚어보고 검토하는 것이 가장 중요하다. 무조건 업종부터 바꾸는 것은 매우 위험한 발상이다.

업종을 바꾼다고 장사가 잘되는 것이 아니다. 외식업은 위치도 중요하고 맛과 가격 등 가성비도 중요하다. 또한, 직원들의 서비스도 매우 중요한 복합적인 요소들이 다 어울려져서 운영되는 직업이다. 또한, 자주 바꾸면 전문성은 떨어지고 문제점을 외부에서 찾으려 하는 습관을 가지게 된다.

17. 먹거리 장사는 유행을 좇지 마라

얼마든지 작은 규모로도 장사에 성공할 수 있는 업종이 음식 장사라고 말할 수 있다. 하지만 입지와 상권의 성격을 무시해서 업종을 선정하는 것은 곤란하며, 그렇다고 맹목적으로 최근 유행하는 체인 중심의 음식점을 따라 하는 것은 더 문제가 아닐 수 없다. 자신만의 독특한 서비스와 맛, 그리고 영업 노하우를 구축하는 것이 매우 중요하다.

유행은 글자 그대로 유행이다.
언제 사라질지 모르는 것이다.
대중가요가 몇 년을 유행하는가?

아무리 유명한 대중가요도 시간이 지나면 그 인기는 없어지게 되어 있다. 그러니 맛의 특별한 노하우도 없이 유행만을 좇아간다면 그것은 실패를 예약하는 것이다. 만약 유행하는 음식을 취급하려 한다면 충분한 맛에 대한 노하우는 물론 왜 유행을 타는지 꼼꼼한 분석이 필요하다. 막연히 요즘 잘 먹는다고 기존의 메뉴에 추가하였다가는 오히려 기존의 손님까지 잃는 경우가 많다.

새롭게 유행하는 음식을 내놓는 것보다 기존의 음식을 유행에 맞게 맛을 새롭게 개발하여 취급하는 것이 더 낫다고 본다. 요즘은 먹거리를 찾아다니며 먹는 시대이다. 어설프게 유행하는 먹거리를 흉내 내었다가는 오히려 기존의 사업까지 낭패를 보는 경우를 필자는 참 많이 보았다. 유행 음식 업종을 쫓아가기보다는 거주하고 있는 주변 상권에서 잘 나가는 먹거리를 메뉴로 추가하는 것이 더 나을 것이다.

외식 사업은 음식만을 파는 것이 아니라 스토리를 팔고 건강을 팔고 문화를 파는 것이라고 생각한다. 음식을 파는 것이라면 인테리어도 신경 쓸 필요가 없고 유기농이나 건강식에 신경 쓸 필요도 없으며 감동을 줄 필요도 없을 것이다.

외식사업은 우리나라가 고소득의 선진국이 되면서 한끼를 때우는 식당문화에서 종합적인 문화를 파는 곳으로 발전하고 있다. 외국의 선진 외식사업들이 우리나라에 들어오면서 우리나라 외식사업도 선진국 못지않게 발전하고 있다. 작은 소매장이라도 그냥 차리는 법이 없다. 그 집만의 특색을 찾고 맛을 찾고 스토리가 있다.

18. 유행을 좇지 말고 유행을 앞서가라

　　　　　　　　　최근 창업시장의 흐름은 아이템이 다양해
지고 업종 간 경쟁으로 질적 성장이 이뤄지고 있다. 그중에서도 대
표적인 몇 가지 예를 들어보겠다. 랍스터는 예전만 해도 서민들에
겐 아주 생소한 외식제품이었다. 그러나 유통구조의 파괴와 가격
이 인하되면서 대중음식의 한 분야로 자리 잡았다. 랍스타 요리가
새로운 먹거리 아이템으로 부상한 것도 이 때문이다.

　바비큐 전문점은 아직도 다양한 고객에게 인기를 얻고 있다. 최
근 이 같은 기존의 바비큐에 정면 승부를 건 업종이 토마호크 전
문점이다. 서양식 스테이크 전문점들이 우후죽순 늘어나는 것도
국민소득이 높아지면서 값이 비싸더라도 맛을 찾는 추세이기 때문
이다.

　소고기 갈빗살과 등심 부위를 도끼 모양으로 두껍게 절단하여
일명 토마호크라는 소고기 스테이크는 유럽이나 미국에서는 즐겨
먹는 스테이크 요리다. 가격이 비싸도 요즘 캠핑족들이 야외에서
주로 즐겨 먹는 요리다. 또한, 이젠 돼지고기도 삼겹살만을 찾는
시대가 아니다. 한때 유행했던 포그 바비큐는 돼지고기를 그릴에
넣고 숯불로 2시간가량 구운 음식이다.

이젠 음식을 양으로 먹는 시대가 아니다. 눈으로 먹고 코로 먹는 시대이다. 보기 만해도 군침이 돌고 냄새를 맡으면 침이 넘어가는 음식을 만들어야 한다. MZ세대는 가격보다는 멋과 의미를 찾는다.

실용적인 음식이 한때 유행을 탄 적이 있다. 가성비가 좋은 음식도 유행을 타고 있는 것이 사실이다. 그러나 이것만으로 유행을 앞서간다고 할 수가 없다. 지금은 고령사회이다. 주 고객을 어떤 연령층을 상대로 해야 할지 외국에서는 어떤 음식들이 유행을 하는지도 알아봐야 한다.

지금은 글로벌 시대이다. 국민 대다수가 해외여행을 다녀본 적이 있으며, 해외 관광객도 많은 시대에 살고 있는 게 현실이다. 현재 코로나로 침체기에 있지만 언젠가는 예전으로 돌아가리라 본다. 위기는 기회라는 말처럼 호황을 대비하여 새로운 유행을 찾아야 한다.

아마도 요즘 대세는 밀키트다. 외식사업이 코로나로 위축되었지만 대신 밀키트 사업은 날로 번창하고 있다. 다양한 밀키트 제품들은 과거에는 집에서 해먹지 못하던 음식까지 밀키트화하고 있다. 더 나아가 다양한 밀키트 개발은 유행을 앞서는 사업이 될 것이라고 본다.

카페 풍의 칼국수 전문점은 이미 검증받은 대중 음식으로 지금은 업그레이드한 칼국수 매장이 확산되고 있다. 칼국수 전문점은 불경기에 강한 아이템으로 경기를 덜 타는 안정적인 외식업 아이템으로 꼽힌다.

　최근 이처럼 메뉴와 시설을 업그레이드하면서 과잉경쟁에서 차별화 전략을 세우고 있는 매장들이 속출하고 있다. 너무 앞서지 말고 너무 뒤서지도 말라는 말이 있다. 먹거리 외식사업에 유행은 분명히 있다. 하지만 유행만을 따라간다면 떠돌이 장사꾼과 다를 바가 없다. 그렇다고 유행을 무시하여서는 안 된다. 기존의 검증받은 음식을 업그레이드하는 것, 그것만이 먹거리 장사의 노하우라 하겠다.

　매장은 유행 따라 움직일 수가 없다. 그러나 맛은 유행을 따라갈 수 있다. 한때 매운맛이 유행을 탄 적이 있다. 모든 음식에 '매운'이라는 수식어가 붙는 현상이 일어나기도 했다. 매운 닭갈비. 매운 라면, 매운 닭발, 매운 냉면, 매운 치킨, 매운 햄버거까지 말이다. 이처럼 업주가 좋아하는 음식을 만드는 것이 아니라 고객이 좋아하는 음식을 따라가는 것은 당연한 것이다.

19. 자신의 음식 솜씨에 자만하지 마라

　　　　　　　　자신의 요리 솜씨만을 믿고 식당을 차리는 사람들이 있다. 필자의 지인 중에 음식점 주방장 경력을 가진 조리사로 나름대로 사업을 위한 준비과정을 철저히 진행해 창업을 한 사람이 있다.

　그는 그동안 벌어놓은 창업자금이 넉넉하였기에 입지여건에 대한 상권분석이나 마케팅 방법 등을 무시하였고 결국 고전을 하다 1년도 되지 않아 폐업신고를 하고 새로운 매장으로 이전해 계속 영업 중인 사람이 있다.

　그는 자신의 문제점을 찾기보다는 자신의 음식을 고객들이 수준이 떨어져서 자신의 음식을 알아주지 않는다고 생각하는 사람이다. 자신의 음식 솜씨라면 입지 조건의 불리함을 극복할 수 있다고 확신하여 기존 매장에서 이전한 곳은 도시 외곽에 매장을 구입하여 영업을 하고 있다. 그는 재료값, 임대료 등을 감안해 하루 30만 원 정도의 매출을 올려야 했지만, 1년이 훨씬 지나도록 실제로는 15만 원을 넘기지 못했으며, 경기 하락이라고 생각하고 음식값을 내려 보았지만 별 효과를 보지 못했다.

　그는 자신의 음식 솜씨를 너무 과신을 했다. 정말로 타 매장과 차별화된 맛을 내고 있는지 심각하게 고민해야 했으며, 입지조건과의 조화가 제대로 이루어지지 않았다. 저음 시삭한 곳은 구청 주변으로, 일반적으로 구청 주변이라면 한식 계통의 음식이 잘 되기 마련이다. 그러나 그는 퓨전식당을 고집하였고, 이후 이전한 곳은 우동 전문점이였으나, 우동 전문점이 성공하려면 조금이라도 젊은층 수요를 확보할 수 있는 큰길가나 지하철역 또는 버스정거장 등 대중교통 시설과 가까운 곳에 있어야 했다.

또 마지막으로 실패한 원인 중의 하나는 정확한 원가 계산을 못하는 것이었다. 음식을 만드는 데 들어가는 비용, 임대료, 인건비 등을 정확히 계산해 보지 않고 일단 손님을 확보하기 위해 싸게 파는 것은 대단히 위험하다.

음식은 내가 먹는 것이 아니라 손님이 먹는 것이다. 주방장으로 있을 때와 경영을 하는 사장으로 있을 때는 입장이 다르다. 주방장은 맛있는 음식을 만드는 것이 의무이고 책임이라면 사장은 잘 팔리는 음식을 만드는 것이 의무이고 책임이다.

아무리 맛있는 음식이라도 마케팅과 상권분석이 따르지 않는다면 성공하기가 힘들다. 마지막으로 영업실적에 대한 손익분기점의 철저한 영업 관리도 성공을 위한 필수라는 것을 잊어서는 안 된다.

20. 계절 맞춘 메뉴를 개발하라

　　　　　　　　불황 속에서도 계절의 특성에 맞춘 마케팅으로 돈을 버는 창업자들이 적지 않다. 이들의 성공 비결을 들어봤다. 여름 특별메뉴로 삼계탕을 독특하게 개발한 경우도 있다. 그러나 삼계탕으로 사계절 장사를 하는 것은 쉽지 않다. 그래서 삼계탕 집은 바비큐도 같이 하는 것이다.

　이는 추어탕집도 마찬가지다. 추어탕을 싫어하는 고객에게는 우거지탕 같은 다른 메뉴도 함께 개발하여 팔아야 한다. 겨울철은 배달 업체들의 매출이 가장 높게 나오는 계절이다. 독특한 치킨을 개발하여, 다른 치킨 매장과 차별을 두어 겨울철 마케팅용으로 독자 개발하는 것도 좋은 예라 하겠다. 매운 치킨은 겨울에 달콤한 치킨은 여름철에 잘 팔리는 것처럼 말이다.

　어떤 냉면 전문집은 소스를 계절에 따라 바꾼다. 겨울에는 매콤하게 하고 여름에는 매콤하면서도 시원·담백하게 한다. 또 여름철에는 냉면과 매콤한 비빔국수를, 겨울에는 잔치국수와 양송이를 미끼제품으로 내놓는다.

　겨울철에는 손님을 끌기 위해 매장에서 고기 굽는 냄새를 밖으로 내보내는 매장도 있다. 고기 굽는 냄새가 밖으로 나가면 지나가던 행인이 그 냄새를 맡고, 추운 겨울철에 음식 냄새와 함께 모락모락 연기가 나면 지나가던 손님들이 매장 안으로 들어오고 싶은 마음이 생기기 때문이다.

또한, 겨울이 되면 전골에 더 신경 써서 음식을 만들어 내며, 계절의 별미임을 벽에 홍보물을 부착하여 손님에게 알려준다. 계절에 따라 특선 메뉴를 개발하여 손님이 사시사철 찾아올 수 있게 하는 집들이 많아지고 있다.

단점은 너무 많은 것을 취급하면 전문성이 떨어지므로 다양하게 취급하는 것은 오히려 고유의 맛을 떨어뜨리게 할 수 있고, 더욱이 서로 어울리지 않는 음식은 절대로 취급하지 않는 것이 바람직하다.

유사한 음식을 양념 등 새로운 부재료를 사용하여 계절의 별미를 개발하는 것이 성공의 핵심이다. 종류의 다양성보다는 기본 음식에 계절의 별미를 첨가하는 것이 좋다.

21. 외식사업의 기본에 충실하라

외식사업의 기본은 서비스다. 그중에서 대중식당은 빨리 먹기 위해 오는 것임을 잊지 말아야 한다. 생산성 향상을 위해 서비스 시간을 단축한 스피드 서비스를 진행해야 한다. 패스트푸드의 가장 기본이라 할 수 있는 신속함에 역량을 집중시켜 고객에게 어필하려는 것은 기본 중에 기본이다. 불경기에 생산성 향상을 위해서는 빠른 서비스가 필수이며, 신속하고 정확한 서비스를 생명으로 하는 패스트푸드의 경우는 더욱 그러하다. 특히 비 오는 휴일에는 여느 때보다 많은 수의 주문처리를 소화하는 직원을 투입한다.

비가 오는 휴일에는 배달 주문이 눈에 띄게 증가하기 때문이다. 날씨에 따른 매출변화의 폭이 훨씬 크다면 이에 대한 대응 방안을 철저히 시스템화해 한결 같은 고객 서비스를 위해 최선을 다해야 한다.

또한, 음식의 따끈한 온도를 유지하는 핫팩 외에 음료의 시원함을 유지하는 쿨러를 도입하여 배달 주문 고객에게 따뜻한 음식과 시원한 음료를 전달하는 등 품질유지에 만전을 기해야 한다. 적극적인 개발과 다회용기 활성화를 통한 원가절감 등 내 외부에서 총력을 기울여야 하는 것도 기본이다.

특히 정기적으로 매장 내 시비스, 위생, 매뉴얼 등을 꼼꼼하게 점검해야 한다. 또한, 수시로 직원들의 서비스 재교육을 하는 등의 직원교육은 기본 중에 기본이다. 또한, 위생에 특히 민감하게 반응하여 즉시 시정하는 것도 먹거리 장사의 최고 기본이라 하겠다.

배달음식은 절대 실수해서는 안 된다. 배달 음식으로 실망한 고객은 다시는 주문을 하지 않기 때문이다. 매장에서 판매할 때는 고객들의 불만을 바로 들어줄 수 있지만 배달 음식은 그렇게 할 수가 없기 때문이다.

22. 전통, 우리 맛을 살려라

전통 음식이 요즘 뜨고 있다. 가장 한국적인 것이 가장 세계적인 것이라는 인식 확산과 더불어 세계 외식업계에서도 전통 음식이 관심을 끌고 있는 것이다. 특히 한류 열풍으로 한국의 위상이 높아지면서 외국인들의 우리 전통 음식에 대한 관심도 날로 커지고 있다.

중년층뿐 아니라 젊은층까지 전통외식업이 인기를 끄는 주된 이유는 전통 음식이 현대인들의 건강에 대한 고민을 상당 부분 해결해준다는 데 있다. 열량은 낮고 몸에 좋은 재료를 많이 사용하는 등 우리 전통음식의 특징이 성인병을 염려하는 현대인들에게 큰 호응을 받고 있는 것이다.

여기에다 각종 인스턴트식품이나 일률적인 패스트푸드에 식상한 젊은 층 역시 국물과 밥이 제격이라는 인식이 퍼지면서 토종 식자재를 소재로 한 전통 외식업이 큰 인기를 끌고 있다. 한국인의 입맛에 맞는 식자재를 이용해 어머니의 손맛을 자아낸다는 데 핵심이 있다.

또 한 번 먹으면 그 맛을 잊을 수 없어 다시 찾게 되고 아무리 자주 먹어도 질리지 않는다. 값이 저렴하다는 점, 자유롭고 편안한 분위기에서도 푸짐한 식사를 즐길 수 있다는 점 등도 많은 고객들로부터 꾸준히 사랑받는 비결로 꼽힌다.

전통외식업의 성공 전략은 무엇보다 맛에 달려 있다. 전통의 맛을 살리면서 변화하는 고객의 입맛에 맞춘 메뉴개발로 독특한 맛을 찾아내는 것이 중요하다. 전통과 조화된 고급스럽고 현대적인 인테리어와 건강에 관심이 많은 현대인들을 위해 재료에도 많은 신경을 써야 한다. 이를 위해서는 식재료의 선택이 무엇보다도 중요하다.

한때 중국산 김치 파동으로 식당에서 김치를 먹지 않는 손님들이 많아진 경우가 있었다. 김치는 우리나라의 전통 음식 중 대표적인 음식이다. 또한, 모든 음식에 기본 반찬이기도 하다. 김치가 맛있으면 그 집 음식은 다 맛있다는 말까지 있다. 김치찌개는 김치가 맛있으면 특별한 양념이 없어도 맛이 있다. 된장찌개도 마찬가지다 된장이 맛있으면 특별한 양념을 하지 않아도 맛있다. 전통 음식은 기본이 되는 식재료를 고급화해야 한다.

23. 전통 음식을 젊은 입맛에 맞춰라

전통 음식을 MZ세대 입맛에 맞춰라. 가장 한국적인 것이 가장 세계적이라는 말이 있다. 음식점 분야에서도 한국의 전통 음식을 현대화해서 매출을 올리는 것이 인기다.

예전에는 해외의 먹거리를 수입한 이색 음식이 업계에서 관심을 끌었지만, 이제는 가장 한국적인 음식을 조금 변형한 아이템들이 외식업계에서 인기를 누릴 수 있는 먹거리를 개발해야 한다. 정통 설렁탕을 팔면서도 외관이며 내부 시설이 젊은이들이 좋아하는 패스트푸드점 못지않게 세련되고 현대적인 매장도 있다. 항상 20대 젊은이들로부터 북적거리는 것을 보면 설렁탕 집이 중, 장년층의 전유물이라는 고정관념은 여지없이 깨지게 된다.

대기업의 대형 수입 레스토랑이 진을 치고 있는 가운데 토종 패밀리 레스토랑이 자리 잡고 있는 곳도 있다. 전통 디자인을 살리면서 전체적으로 서구식 편의성을 갖추고 있다. 밥, 찌개, 구이 등 보편적인 한식 메뉴를 간편화, 다양화함으로써 20대 젊은 층과 30~40대 가족층까지 흡수하는 데 성공한 경우도 있다. 또한, 옛 시골 밥상을 모델로 시골집의 밥상을 그대로 재현해 소비자들의 호평을 받는 집도 있다. 40대 이상의 세대에게는 어렸을 때 장작불을 지펴 닭을 구워 먹던 추억을 살려 참나무 장작불 위에서 통닭이 익어 가는 것을 보면 누구나 발길을 멈추게 하는 집도 있다. 그러나 전통음식이라도 남이 쉽게 모방할 수 있는 아이템은 유의해야 한다.

대표적인 것으로 반짝 아이템인 찜닭 집이다. 찜닭은 안동의 재래시장에서 팔리던 지역 전통 음식이었지만 서울에서 성공하면서 전국적으로 유행한 창업 아이템이 되었다. 젊은이들의 식생활 패턴에 잘 맞고 현대적 인테리어가 결합된 것이 성공 비결이었다. 하지만 누구나 쉽게 모방할 수 있었고, 우후죽순처럼 생겨난 체인업체의 과다 경쟁으로 인해 반짝 유행에 그치고 말았다.

지금도 우리나라에는 그 지역의 특산물을 활용한 로컬푸드들이 많다. 지역 특산물을 활용한 전통 음식은 요즘처럼 해외여행을 가지 못하여 국내여행을 즐기는 사람들에게는 더없이 좋은 먹거리다.

24. 고정관념을 탈피하라

　　　　　　다르게 생각하라. 경쟁이 치열한 먹거리 시장에서 살아남기 위해서는 남과 다르게 생각하는 자세가 필요하다. 그러기 위해서는 기존의 먹거리에 안주해서는 좋은 먹거리를 찾아낼 수가 없다. 이젠 우리나라에 국한하지 말고 전 세계를 뒤져서라도 특화된 먹거리를 찾아야 살아남는 시대이다.

　기존의 상식을 파괴하는 먹거리는 고정관념을 파괴해야 한다. 중국 속담에 네발 달린 것은 책상 말고 다 먹을 수 있다는 농담 섞인 속담이 있다. 그만치 이 세상에는 먹거리로 개발할 것이 무한대로 있다는 것이다. 먹거리 개발은 외식사업의 성공코드이다. 단 너무 앞서서 시작하기에는 리스크가 크다는 것이 단점이다. 사회적 환경도 중요하다.

　나라마다 각 국민의 습성도 있다. 대표적인 것이 이슬람권 사람들은 돼지고기를 먹지 않는다. 그들은 할랄인증을 받지 않은 식당은 가지도 않는다. 이처럼 각국의 정서도 많이 작용한다. 인도는 전 세계에서 보편적으로 먹는 소고기를 멀리하지 않는가. 이처럼 먹거리는 나라마다 국민성이 결부되기 때문에 꼭 우리나라에서 성공한다는 보장이 없다. 그러므로 우리나라 사람의 입맛에 맞게 개발하는 것은 기본이며, 정서에 맞지 않는 것은 세심한 주의가 필요하다.

중국의 음식에는 '샹차이'라는 식재료가 꼭 들어간다. 그러나 한국의 사람들은 이 식재료를 싫어하는 사람들이 많다. 요즘은 해외여행을 많이 다녀서인지 이 식재료를 거부하는 사람들이 적어졌지만, 과거에는 냄새도 역겨워한 사람도 있었다.

우리가 가장 많이 먹는 자장면이 그 대표적인 예라 할 수 있다. 자장면은 원래 중국의 춘장을 가지고 한국인의 입맛에 맞게 만든 대표적인 음식이다. 이처럼 외국의 식재료를 한국인의 입맛에 맞게 개발한다면 독보적인 음식점이 될 것이라고 본다.

25. 글로벌 마인드를 가져라

국내 외식 시장에 글로벌 음식 춘추전국시대가 열리고 있다. 국제화 시대가 급속히 진행되고 있는 가운데, 각양각색의 외국 음식이 유입돼 나름대로 고정 고객을 확보해 가고 있는 추세이다. 올림픽, 월드컵, 아시안게임 등 대규모 국제행사가 국내에서 빈번하게 개최되고 있는 것도 외식 시장이 각 나라의 메뉴로 다양화되는 요인이 되고 있다.

세계 각국의 음식이 퓨전화되는 경향을 보이면서 업종도 다양해지고 고객층도 부쩍 늘고 있다. 예전에는 호텔이나 고급 레스토랑에서 접할 수 있었던 음식을 요즘엔 어렵지 않게 즐길 수 있게 됐다. 이제 글로벌 음식 전문점은 예비 창업자들이 가장 선호하는 창업 아이템으로 등장했다. 글로벌 음식 관련 업종은 국내에 들어와 유학 경험이 있는 MZ세대를 중심으로 명맥을 유지하다가 2~3년 정도의 적응 기간을 거쳐 빠르게 대중 속으로 파고드는 것이 특징이다.

각 나라의 전통 음식은 국내에서는 우리 입맛에 맞게 변형된다. 여기에 패스트푸드화, 테이크아웃 등의 마케팅전략이 적중하면서 MZ세대들이 좋아하는 음식으로 뜨고 있다. 누구나 부담 없이 먹을 수 있도록 저렴한 가격을 내세우는 점도 인기 비결이다.

　게다가 최근 외식문화가 다양화, 개성화되고 외식 인구가 빠르게 늘고 있어 외식업이 더 성장할 사회 문화적 여건은 조성되어 있다. 국내 음식점 수가 65만 개를 넘어서는 등 경쟁이 날로 치열해지고 있어 차별성과 고객 대응력을 강화하기 위해 글로벌 음식 업종에 관심을 가져볼 만하다.

26. 주변국 먹거리를 조사하라

　　　　　　새로운 맛과 이국적 분위기를 찾는 MZ세대로부터 인기를 얻어 일본음식점 바람이 강하게 불고 있다. MZ세대를 겨냥한 일본식 돈가스 전문점, 우동 전문점, 슈크림 전문점, 일본식 생라면 전문점 등 일본 대중 음식 관련 업종들이 인기를 끌고 있다.

　일본 음식점이 강세를 보이는 데는 개성이 강하고 자유분방할 뿐 아니라 복잡한 것을 싫어하고 편의성을 추구하는 MZ세대 성향과도 관계가 깊다. 독특한 맛을 내면서도 간편하게 먹을 수 있는 일본 음식은 이런 MZ세대 취향이나 입맛에 맞아 떨어진다. 이에 따라 일식 고객 저변은 갈수록 넓어질 전망이다.

　또한, 중국 음식은 우리 소비자들에게 꽤 익숙한 편이다. 어린이부터 어른까지 누구나 중국음식을 즐겨먹는다. 요즘엔 미국 등에서 자리를 잡은 아메리칸 스타일의 중국 음식을 패스트푸드 형태로 판매하는 중국음식점들이 각광받고 있다.

　최근 급부상하고 있는 업종으로는 마라탕 및 훠궈 전문점을 들 수 있다. 카페처럼 깔끔한 공간에서 본인의 취향에 맞는 재료들을 직접 골라 먹는 재미가 있어 많은 사람들에게 인기를 끌고 있다.

카페처럼 깔끔한 공간에서 가볍게 중국 음식을 먹거나 시간에 쫓겨 간편하게 식사를 히고 싶은 사람들로부터 인기를 끌고 있다.

대만에서 건너온 버블티 전문점 역시 소비자들의 건강 지향적 성향이 강해지면서 주목받고 있다. 또한, 아시아권 음식은 맛이나 향이 독특한 편이지만, 우리와 같은 문화권 음식이란 점에서 거부감은 덜하다. 지금까지는 서양 음식에 밀려 찾는 사람이 그리 많지 않았다. 그러나 지금은 새로운 것을 쫓는 MZ세대들로부터 인기를 끌고 있다. 우리 입맛에 맞게 요리법을 수정하고 깔끔한 공간에서 패스트푸드 형태로 즐길 수 있게 하거나 사 들고 나가게 하는 테이크아웃 전략이 적중한 덕이다.

아시아권 음식으로는 베트남 쌀국수와 태국 음식이 각광을 받고 있다. 값이 저렴하여 누구나 부담 없이 먹을 수 있는 점이 인기 비결이다. 태국, 싱가포르, 베트남, 일본, 중국, 몽골, 말레이시아 등 아시아 각국의 독특한 소스를 넣은 볶음요리를 판매하는 전문점들도 인기를 끌고 있다.

27. 선진국의 먹거리를 조사하라

먹거리를 장사하는 사람에게 큰 고민 중 하나가 어떤 아이템을 가지고 메뉴를 추가하는가이다. 소비시장에서 고객들이 선호하는 아이템이나 미래의 고객이 좋아할 수 있는 아이템, 새로운 맛의 유행을 이끌 수 있는 아이템, 수명이 오래 갈 수 있는 아이템 등 아이템 선정 기준이 있다.

국내에 도입된 유럽 음식 중에는 피자, 스파게티, 에스프레소 커피 등 이탈리아 음식이 단연 두각을 나타내고 있다. 이탈리아 음식은 대체로 맵고 짠 편이다. 바로 이런 까닭에 이탈리아 음식은 한국사람 입맛에 가장 잘 맞는 외래 음식으로 자리를 잡았다.

대표적인 유럽 음식 업종의 하나로 샌드위치 전문점을 들 수 있다. 식재료가 고급화돼 한 차원 높은 수준의 맛을 간편하게 낼 수 있게 되면서 고객층이 빠르게 넓어지고 있다.

이렇듯 세계 각국의 대표적인 먹거리를 찾는 것은 글로벌 시대에 적절한 먹거리 사업을 하는 것이다.

28. 학교 주변은 주변 타 업종과 보조를 맞추어라

유동인구가 많은 서울 중심지 주변은 최적의 입지라고 할 수 있다. 이런 곳은 권리금과 임대료는 다소 비싼 편이지만, 유동인구가 많고 안정적인 상권이라는 장점이 있다.

상권 자체가 젊은 층의 유동인구가 많고 유행의 첨단을 걷는 곳이다 보니 인테리어에 세심한 신경만 쓴다면 맛이 형편없지 않는 한 안정적인 수입을 창출할 수 있다. 단, 이런 중심가에서 다소 떨어진 학교 주변은 창업의 제한이 많아 다양한 문화가 형성되지 못하는 단점이 있다.

우선 유흥점 등은 들어올 수 없으며, 오락성이 있는 매장들도 입점이 용이하지 않다. 그래서 방학이 되면 학교 주변의 상가들은 학생들과 함께 방학을 맞는다고 한다. 먹거리를 잘 개발하고 주변의 상가들과 잘 협조하여 방학 때도 학생들이 찾을 수 있는 문화의 거리를 조성하는 지혜와 단결이 필요하다. 자신의 매장에만 신경 쓰지 말고 이웃 다른 업종의 매장과의 긴밀한 공동 마케팅 전략도 학교주변의 먹거리 장사를 성공시킬 수 있다.

학생들은 적은 돈으로 맛있는 먹거리를 찾기에, 오히려 요즘처럼 학생들의 놀이 공간이 적은 대도시에서는 학원가가 더 안정적인 수익을 올릴 수 있다고 본다. 비수기에 대비해 다양한 메뉴를 취급하는 것은 물론 인근 타 업종에 음식 할인권을 배포하는 등 영업에 대한 노력을 아끼지 않는다면 매장임대료가 싼 학교 주변도 승산이 있다.

29. 손님의 입장에서 객관적 경영을 하라

　　　　　개업에서 가장 확실하게 성공할 수 있는 방법은 그 분야를 환하게 꿰는 전문가가 되는 것이다. 하지만 대다수 먹거리 사업자는 개업하여 전문가가 되기는커녕 초보 딱지도 떼기 전에 폐업에 내몰리는 경우가 있다.

　시장이 어떻게 돌아가는지도 고객이 원하는 게 뭔지도 능숙하게 일을 해내는 법도 모른 채 즉흥적인 아이디어나 생계수단으로 생각하여 가지고 있는 돈으로 개업하여 예상 목표가 이루어지지 않으면 임대료와 인건비에 고민이 날로 쌓이고, 결국 폐업을 결심하는 경우가 태반이다. 먹거리의 전문가가 되자면 개업 준비는 길수록 좋다. 특히 먹거리 체험을 적극적으로 활용하는 것이 가장 좋은 방법이다. 기존의 성공한 먹거리 창업자들의 성공 비결과 요인을 뜯어보면 공통점을 발견할 수 있다. 그건 바로 고객 입장에서 음식을 만들고 파는 것이다. 그러기 위해서는 먹거리 체험보다 더 좋은 산교육은 없다. 특히 주변의 장사가 잘되는 매장이 있다면 모방을 하는 것에 두려워하지 마라. 좋은 것은 받아들이고 나쁜 것은 버리는 것이다.

　편견을 가지고 접근하지 말고 객관적 입장에서 즉 손님의 입장에서 비교하라. 개업하고 나면 자신의 매장이 최고라고 자부하는 사람이 있다. 최고는 최고가 되려고 지속적으로 노력을 해야만 되는 것이다. 처음에 최고의 시설로 오픈하였어도 시간이 지나면 주변에는 더 좋은 시설로 식당이 오픈하기 마련이다.

기존의 고객을 지속적으로 유치하려 한다면 고객 만족 극대화를 실현해야 한다는 점이다. 고객 만족을 극대화할 수 있다면 성공은 따 놓은 당상이라 하겠다. 설사 급히 차렸다 해도 꾸준히 주변의 잘되는 식당을 관찰하여 좋은 것을 받아들인다면 손익분기점은 금세 도달한다. 조급한 마음으로 먹거리 사업을 운영하지 마라.

30. 시대적 요구인 다이어트 음식을 개발하라

요즘은 다이어트에 대한 관심이 많은 시대이다. 식당을 운영하면서 다이어트 음식에 관한 관심을 기울여 보는 것도 식당운영의 노하우가 될 것이다. 어느 것을 먹어야 살이 찌지 않을까는 모든 세대의 고민거리가 되었다.

다이어트에 관심이 많은 사람들은 식사시간마다 여간 고민이 아니다. 특히 노출의 계절에는 자신도 모르게 살과의 전쟁으로 인해 한 끼 식사가 걱정거리다. 그렇다고 무작정 굶을 수도 없는 일 아닌가? 이 때문에 칼로리가 적으면서 영양성분이 좋은 가벼운 식사가 인기를 끌고 있다.

요즘 인기를 끌고 있는 메뉴는 샐러드 전문점이다. 아무리 먹어도 칼로리에 노출되지 않는 샐러드는 싱싱한 채소를 가장 맛있게 먹은 방법 중에 하나이다. 샐러드 전문점에는 스테이크 등의 고칼로리 음식 대신에 샐러드가 주메뉴이면서 건강한 탄수화물 재료를 활용하기도 한다.

샐러드는 미용효과가 뛰어나고 필수 지방산과 미네랄을 섭취하는 데 도움을 준다고 한다. 또한, 콜레스테롤이나 지방질이 적은 송아지요리를 비롯해 광어, 연어, 해산물, 야채 버섯 등의 요리도 인기 있는 먹거리다. 지금은 샌드위치나 수프가 가벼운 한 끼 식사로 자리 잡은 지 오래다.

이젠 가벼운 샌드위치도 저지방 저칼로리의 올리브 오일을 사용하거나 건강한 재료를 곁들인 샌드위치가 인기인 시대이다. 신선한 재료와 독특한 소스로 입맛을 돋우는 이런 샌드위치는 영양도 고루 들어가면서 다이어트 먹거리로 으뜸이다. 요즘 샌드위치 전문점에서는 해산물 등 다양한 재료를 이용해 만들어 속을 든든하게 해 주고 따뜻하게 속을 풀어 주는 음식을 개발하고 있다.

또한, 타로와 바나나를 원료로 해 피로회복, 불면증 외에 변비와 다이어트에 효과적인 가능성 먹거리도 개발한다.

살과의 전쟁을 하는 사람들에게 먹거리는 또 하나의 대단한 고민임을 알아야 한다. 그들에게 맛과 다이어트 두 개를 다 제공할 수 있는 먹거리 개발은 이 시대의 히트제품을 개발하는 것이다.

31. 먹거리의 성패는 고객 관리에 달렸다

　　소자본 창업의 성공과 실패는 고객관리 전략이 얼마나 현실적이며 전략적으로 타당한가에 달려 있다고 해도 과언이 아니다. 고객관리 전략에서 가장 중요한 것은 고객 만족을 실현함으로써 지속적으로 이익을 내는 데 있다. 성공적인 소매장 운영을 위해서는 다음과 같은 점에 유념할 필요가 있다.

　우선 서비스를 고객의 기대수준 이상으로 높여야 한다. 고객들은 매장 운영자가 갖고 있는 서비스 정신보다 더 큰 기대를 갖고 매장을 찾아온다. 그러므로 고객이 무엇을 요구하기 전에 고객의 필요한 부분을 파악해 서비스를 제공해야 한다. 가격을 많이 낮춘다고 고객이 원하는 서비스 수준은 나아지지 않는다. 따라서 고급스런 매장 분위기를 유지하면서 밝은 표정으로 손님을 맞아 단골 고객을 많이 회복하는 것이 성공의 지름길이다. 또한, 고객이 언제 어떤 음식을 먹었고 생일 등 기념일은 언제인지를 알 수 있는 전산화 시스템은 고객관리에 있어서 절대적으로 필요하다. 이 같은 고객정보를 할인권이나 사은품 증정 등에 활용하면 매출증대에 직접적으로 연결되는 효과를 거둘 수 있다. 아울러 이벤트를 자주 열어 고객 이탈을 방지하라.

재미있고 다양한 게임 이벤트와 고객들을 위한 축하 이벤트를 마련해서 고객들에게 즐거움을 선사해야 한다. 이 같은 이벤트는 고객들에게 특별한 기억을 만들어줌으로써 고객을 잊지 않고 기다린다는 마음을 전할 때 먹거리 장사는 영원한 단골고객을 잡을 수 있는 지혜로움이 된다.

　식당은 단순히 먹거리만을 판매하는 것이 아니라 그와 관련된 정보도 함께 마련할 필요가 있다. 예를 들어, 설렁탕을 판매하는 전문점이라면 깍두기 담그는 법이라든지 고객이 좋아하고 맛있어 하는 부요리 만드는 법을 제공한다면 고객의 좋은 호응도 있지만, 음식에 대한 신뢰를 얻을 수 있다. 고객의 신뢰를 확보한다면 더 많은 고객을 유치할 수 있다는 점을 명심해야 한다.

32. 먹거리의 트렌드를 생각하라

　　　　　시장은 항상 열려있고 변화하면서 언제나 누구에게나 공평한 기회를 주고 있다. 변화하는 환경에 따라 소비자의 욕구도 변하여 어제는 외면된 것이 오늘은 없어서 못 파는 것도 있고 반대로 어제는 많이 찾던 것이 오늘은 아무도 거들떠보지도 않는 처지에 놓인 경우도 있다.

　그럼에도 꾸준한 것도 있으니 이렇게 변화무쌍한 환경에서 성공적인 영업을 위해서는 시대의 흐름, 즉 트렌드를 찾는 것이 급선무가 된다. 시장변화의 흐름을 감지하면서 시대의 핵심사항을 발견하고 이를 기회로 잡아 틈새시장을 발견하는 것이 히트사업이 되는 첫걸음이다.

　고객은 쉽게 이해할 수 있는 평범한 것을 선택하는 것이 아니라 새로운 것에 자꾸 관심을 갖게 된다. 다시 말해 튀는 행동을 추구하기 위하여 돈, 시간, 노력을 상식에 구애받지 않고 자신에게 집중하게 된다. 예를 들어 MZ세대들은 더욱 즐거운 삶을 위하여 비일상적인 삶을 추구하는 경향이 늘어났다.

　고객의 변화하는 욕구와 라이프 스타일을 끊임없이 주시해야 한다. 시대적 트렌드를 읽지 못하는 사장은 남들이 시작하여 유행이 끝난 먹거리를 식탁에 내놓아 같은 돈을 들이고도 효과를 못 얻는 경우가 많다. 같은 값을 주더라도 기대 이상의 효과를 얻는 것 그 것은 트렌드 먹거리를 다른 매장보다 먼저 내놓는 것이다.

33. 고객의 호기심을 유도하라

　　개업한 후 매출이 급성장을 하는 듯하다가 얼마 후 손익분기점을 넘기지 못하고 인건비 및 월세도 내기가 어려운 경우로 접어들게 될 때가 있다. 이때부터 본격적인 먹거리 장사의 시작이 되는 것이다.

　'위기는 기회다.'라는 말이 있다. 흔히 사업 경영상의 주요 성공전략 포인트에 관한 이야기들을 들어보면 누구나 잘 될 것 같이 보인다. 그러나 사업 성공에는 이외에도 많은 경험과 지식 그리고 자기만의 경영 노하우가 내포되어 있어야 한다고 할 것이다. 프랜차이즈 가맹점이나 일반매장도 기존 사업자에 밀려 문을 닫거나 업종을 전환하는 사례가 흔히 있다. 이는 매출증대를 위한 아이템 등으로 마케팅 전술을 잘 모르고 사업에 뛰어들었기 때문이다.

　홍보 및 광고 마케팅 활동은 전략계획을 면밀히 세워 위력이 있는 전개방법으로 전 직원을 참여시켜 추진하는 것이 바람직하다. 한편으로 좋은 이벤트도 매출을 올릴 수 있음을 인식해야 한다. 옛말에도 "이름값 한다."라는 말이 있듯이 상호는 강력한 마케팅 활동의 수단이며, 최고의 광고라 할 수 있다. 평범한 이름이었다면 상호의 변경도 생각해 볼 필요가 있다. 상호는 사업주체의 이념을 담아내는 경영이념의 2차적인 표현이기도 하다.

길을 지나는 소비자의 눈을 잡아서 나의 매장 안으로 끌어들이는 유인수단이며 스쳐 지나가는 순간을 놓치지 않고 우리 매장과 서비스를 홍보하는 강력한 광고판인 셈이다. 상호의 이미지 역할은 매출액과 직결되며, 마케팅전략과 연계되었을 경우 곧 강력한 마케팅수단이 된다. 매장의 명칭은 얼굴인 만큼 중요하고 개성적인 브랜드를 가져야 한다. 고객 유인 아이템 개발과 정보 수집은 경영시 매우 중요한 포인트다. 고객 유인 아이템은 매장을 홍보함과 동시에 고객과 주인과의 관계를 이어주고 입에서 입으로 통한 고객 홍보활동을 전개해 가는 수단이 되기도 한다.

소문난 고객 유인 아이템은 매장 이미지를 얼마만큼 홍보해 고객의 욕구를 충족시키느냐가 바로 성공의 지름길이고, 이는 매장을 찾는 한 사람 한 사람에게 관심을 갖고 흡족한 민족을 줄 때 이루어진다는 사실을 깊이 인식해야 한다.

34. 손님이 줄고 있다면 모든 것을 재점검하라

　　　　　　　　　새로운 마음으로 조그만 매장을 마련하고 오픈을 하였는데 매출이 생각만큼 오르지 않아 걱정이 된다. 개업하는 날에는 제법 손님이 많았는데 이상하다는 경험을 하였을 것이다. 이런 현상은 대부분이 겪는 경우이므로 너무 고민할 필요는 없다. 다만 손님의 숫자가 수개월 간 줄어들고 있다면 문제는 다르다고 보고 신속히 대책을 세워야 할 것이다. 소비자는 항상 변덕이 심하다는 점을 잊지 말자. 오늘 좋았다 해서 내일도 좋으리라는 보장이 없으므로 그 변덕에 흔들리지 말고 매장의 독특성, 영업시간, 서비스 등을 인내를 갖고 일관성 있게 운영해야 한다. 그러면 손님은 다시 오기 마련이다.

　주변의 잠재고객에 대하여 조사를 해야 한다. 주변 상권의 재분석을 통해 다시 한 번 시장을 관찰해보면 궁금증이 풀릴 것이다. 예를 들어 학생들이 주손님이라면 시험 기간은 아닌지, 또는 축제 기간은 아닌지를 확인해야 하며, 주부들이 주손님이라면 이사철은 아닌지, 아이들의 방학이나 휴가철은 아닌지를 봐야 할 것이다. 가능한 한 최대로 잠재고객과 호흡을 같이하는 마음이 중요하며, 지역행사에 적극적으로 참여하면 고정 고객뿐만 아니라 신규고객 유치에 큰 효과를 볼 수 있다.

　주변의 상권 변화를 예의 주시해야 한다. 새로운 경쟁업종이 생긴다거나 도시가스 등과 같은 거리의 공공 공사가 진행되는지 도시계획이 변경되는지 등은 고객의 발길을 놓치는 요소이므로 미리미리 파악하여 배달이나 방문판매 등으로 대처해 나가야 할 것이다.

　또한, 현재 취급하고 있는 제품이나 서비스가 소비자에게 불만은 없었는지도 조사해봐야 한다. 개점 초기에는 그저 호기심으로 이용하는 경우도 많이 있으므로 손님의 반응을 잘 살펴보고 취급제품에 대하여 재검토를 하면 고객을 꾸준히 확보할 수가 있다. 혹시 자신이나 직원이 손님을 대하는 데 문제가 없었는지 점검해 볼 필요도 있다.

　까다로운 손님에게 불편한 서비스를 제공하였다면 그 사실이 다른 손님에게까지 알려져서 매장 이용고객의 수가 급감하는 경우가 많다. 그러므로 까다로운 손님일수록 최선을 다하여 모시고 매장이미지에 대하여 좋은 소문을 내도록 한다. 지나치게 장삿속을 드러내지 않았는지도 되돌아본다. 이윤을 남기는 것이 사업의 목적이지만 항상 이익만 낼 수는 없다. 손해도 보는 게 먹거리 사업이다. 시야를 넓게 보고 한때 손해를 감수하더라도 손님에게 도움이 되는 방향으로 대한다면 반드시 그 갑절의 수익을 얻는 계기가 된다.

　홍보를 게을리 하는 것은 아닌지 검토해 본다. 온라인상에서의 평가를 수시로 확인해야 하며, 답글도 직접 달아 긍정적인 피드백을 받을 수 있도록 만전을 기해야 한다.

35. 돈 안 드는 서비스는 다 제공하라

먹거리 사업도 경제가 발전하면서 홍보에 대한 것 또한 다양해지고 있다. 홍보방법이나 홍보 도구, 재료 등 하루가 다르게 변화하고 있다. 이러한 점을 생각하면, 홍보를 하는 데 그리 어려움이 없는 것처럼 생각될 수도 있다. 하지만 막상 홍보를 하려고 할 때면 홍보를 어떻게 해야 할지 막연함을 느끼는 것은 모두가 가지고 있는 공통점일 것이다. 다양한 홍보 매체를 이용하는 일반적인 홍보가 아닌 살아있는 홍보를 하는 방법을 소개하고자 한다. 가장 좋은 홍보는 고객의 입에서 직접 전달되는 것이다.

이와 같은 방법은 처음에는 그 효과가 작게 보이지만 시간이 갈수록 음식점을 살아있게 하는 생명을 불어 넣어주는 방법이다. 그것은 고객의 마음을 움직이게 하는 것이다. 즉, 고객이 좋아하는 것을 제공하는 것이다. 돈 안 드는 서비스는 다음과 같다.

첫째로, 고객을 반가이 맞이하는 미소의 음식점이어야 한다.

고객이 아쉬워서 오는 것이 아니라 주인이 고객을 부르는 것이다. 고객을 불러 놓고 고객이 오고 감에 정중한 인사를 하는 것이 당연한 기본이다.

둘째로, 고객은 음식만 먹으러 오는 것이 아니다.

고객이 주문할 때 음식점에서 제공하는 음식에 대한 최소한의 정보를 제공해 주는 것은 예의 중의 예의이다.

셋째로, 형식적인 서비스를 하지 마라.

서빙을 하는 것이 형식적인 것이 아닌 마음에서 우러나오는 봉사의 모습을 지녀야 한다. 표정은 굳어 있으면서 말로만 하는 서빙은 고객을 감동시키지 못한다.

넷째로, 고객의 마음을 감동시켜라.

음식을 제공히는 깃으로 할 일을 다 했다 생각지 말고 적어도 한 번은 고객의 테이블에 가서 고객이 무엇을 필요로 하는지 물어보고 필요한 것을 챙겨줘야 한다.

마지막으로, 주변의 분위기에 신경 써라.

음식점의 분위기가 너무 가라앉거나 소란스럽지는 않는가 등 고객이 먹거리를 먹는 공간으로 편안함을 느낄 수 있게 신경 써야 한다. 어떤 곳을 가면 음식점에서 아이들이 떠들고 큰소리로 말싸움을 하는 것을 단골이란 이유로 방치하는 경우가 있다. 이는 새로운 단골을 놓치는 영업으로, 제재해야 한다. 식당은 음식을 제공한 것으로 끝나는 것이 아닌 고객이 음식을 먹는 동안 편안하게 느낄 수 있도록 하는 것을 잊지 말아야 한다.

36. 앞으로 밑지고 뒤로 남아라

　　　　　　　　많이 주면 남는다는 먹거리 장사의 노하우
가 있다. 손님의 입장에서 음식점에 갔을 때, 너나 할 것 없이 바라는 것이 있다. 싸고 양이 많은 것이다. 주문한 음식을 다 먹지 못하고 남기는 한이 있어도 양이 많은 것을 싫어하는 사람은 없다. 어느 대학 근처에 있는 한 카페에 있었던 일이다.

　카페 주방을 맡고 있는 아주머니가 주인보다도 단골이 많았다. 손님인 대학생들이 카페에 오면 주인에게 인사는 안 하더라도 주방 아주머니께는 찾아가 인사를 하곤 했다. 이유인즉, 주방 아주머니에게 잘 보여야 음식의 양이 많고 밥 속에 돈가스를 넣어주기 때문이었다. 이를 이상하게 생각한 주인이 유심히 살핀 결과 사실을 알게 되었고, 주인은 당장 주방 아주머니를 그만두게 했다. 그 후 그 카페의 매출은 떨어졌고, 주인은 후회하였다고 한다.

　주인은 차라리 주방 아주머니를 그만두게 하지 않고 그냥 있게 하는 것이 나았던 것 같았다는 말을 하면서 매출의 떨어짐을 후회했다. 자고로 음식장사는 "퍼주는 음식점 치고 망하는 곳이 없다."라는 말이 있다. 원가를 생각할 때 이득은 물론 손실이 많을 것이라고 생각하지만, 그렇지 않음을 말하는 대목이다. 선뜻 납득이 안

가는 말일 수 있지만 생각을 머물게 하는 말임에 틀림없다.

　사실 인테리어나 다른 것에 지출되는 돈을 절약하고 손님의 음식에 투자를 한다면 그 음식점은 사람 가는 기운을 지닐 것이고, 자연 사람들이 줄을 이을 것이다.

　단 이것이 사장의 기분에 좌우되어서는 안 된다. 누구에게나 적용한다는 인상을 심어줄 필요가 있다. 누구나 선택받을 수 있다는 퍼주기 마케팅은 앞으로 밑지고 뒤로 남는 것이다.

37. 먹거리도 전문화를 내세워라

먹거리는 뭐 하나만 딱 부러지게 잘하면 된다. 수많은 음식점 사장님들이 뭐 하나만 딱 부러지게 잘하면 된다는 것을 알면서도 그렇게 못한다. 메뉴에 없는 음식을 주문하는 손님을 만날 때면, 또 그 음식을 만드는데 조금이나마 자신까지 있다면 메뉴를 추가하고 싶어지는 게 먹거리 사장들의 보편적인 생각일 것이다. 마포에 김치찌개만 전문으로 파는 집이 하나 있다.

보통 전문이라 해도 다른 음식 한두 개 특히 계절에 따라 끼워 파는 게 정석인데 그 집은 오로지 김치찌개만 판다. 한 번 먹어본 사람들은 다른 곳에서 김치찌개를 먹더라도 그 집이 생각나버리는 맛을 낸다. 그래서 자연히 소문이 나고 광고가 되는 것이다.

맛의 노하우는 마치 노동경제이론에서 거론된 숙련노동처럼 쉽고, 신속하게 얻을 수 없는 것이기에 다른 어떤 장점들과도 비교할 수 없는 힘을 지니고 있다. 이는 생산요소의 특화 및 대량구매에 의한 비용절감이 생기기 때문이다.

즉, 재료도 딱 필요한 것만 많이 구입하니까 깎아서 좀 더 싸게 살 것이고, 다른 재료들을 장보고 요리하고 치우는 시간도 그만큼 절약되고 큰 솥 하나에 끓이면 되니까 따로 솥이랑 연료를 쓸 필요가 없기 때문이다. 그 밖에도 간판 이외에 따로 메뉴판을 만들 필요도 없고, 그릇당으로 계산하면 되니까 계산도 편리하다.

단 한 가지 어떤 매스컴의 영향으로 위기에 처하는 경우가 있으므로 말썽이 될 만한 재료가 들어가지 않는 것이라야 할 것이다. 예를 들어, 전에도 언급했지만 조류 독감이나 광우병 또는 해산물에서 많이 발생하는 식중독 뉴스는 먹거리 고객에게는 적지 않은 영향을 주기 때문이다.

38. 사장이 뭐든지 솔선수범을 보여라

사업을 운영하고 있는 사업주들의 가장 큰 고민거리는 고객들이 진정으로 바라고 있는 것이 무엇인지에 대해서 알아내는 것과 또 그것을 어떻게 충족시킬 것인가에 대한 것일 것이다. 타조는 적이 나타나면 땅에 얼굴을 묻고 꼼짝도 하지 않는 습성을 보이는데, 이는 직원이 불평에 가득 찬 고객과 맞닥뜨리게 되면 고객의 불평은 시간이 해결할 것이라고 보고 속수무책으로 복지부동형의 형태를 보이는 서비스다.

직원들이 친절 서비스에 대한 엄격한 교육을 받아서 형식적인 예절의 인사는 나오지만 어딘지 모르게 서비스를 받는 입장에서는 인간적인 매력과 친절함은 없고 단지 기계적인 로봇의 동작 같이 느껴지는 경우이다.

또한, 담당 직원이 바쁘거나, 자신과 간접적인 업무일 경우에는 고객의 입장이 아닌 제3자의 입장에서 손님의 이야기는 듣지도 않고 "기다리세요." 또는 "담당이 올 거예요." 하는 식으로 고객을 한없이 기다리게 하는 형태의 서비스가 있다. 이런 서비스는 마케팅의 관점에서 불량 직원 10%가 단골 고객 90%를 쫓아낸다고 볼 수 있으며, 조만간 폐업할 매장이 된다.

'어떻게 하면 직원들이 자발적이고 감동적인 서비스를 창출할 수 있을까?'는 사장의 가장 큰 고민이다. 그것은 경영자가 직원에 대한 서비스로써 고객 서비스의 모범을 보여야 할 것이다. 어느 사장은 고객과 직원의 이름을 부를 때는 씨(氏)라는 호칭보다 님(柑)이라는 호칭을 사용하였다. 사장보다도 나이가 적은 직원이라도 ○○○ 님으로 호칭한다. 이러한 시작부터의 조그만 차이가 직원들의 자발적인 서비스를 이끌어 내게 되었다.

직원들이 자발적으로 온라인 홍보를 하고, 주방에서는 신메뉴를 개발하는 등 적극적인 자세가 되었던 것이다. 이제 사장은 지시자가 아니고 서비스의 모범자임을 명심해야 할 것이다. 그러나 여기서 주의할 점은 호칭보다도 마음자세이다. 호칭이 ○○○ 님이라고 존중하는 것처럼 하지만 사장으로써 진심이 담기지 않는다면 호칭만으로 동기 부여가 되지는 않는다.

39. 사장은 영업 프로가 되라

사업을 한다면 그 사업의 규모가 크든 작든 간에 가장 중요한 것은 매출이다. 특히 소자본 창업의 경우는 더욱 중요해 사업 그 자체가 영업이라 해도 과언이 아니다. 따라서 식당을 하면서 성격이 안 맞아 영업을 못한다면 그 사람은 차라리 사업을 포기하는 편이 낫다. 이 때문에 사업가로 성공하기를 꿈꾼다면 소극적 마인드를 적극적인 프로의식의 영업마인드로 개조해야 한다.

혹자는 매장 사업에서 입지가 성공의 70% 이상을 좌우한다고 말한다. 그러나 입지보다 더욱 중요한 것이 '프로 영업 마인드'다. 입지가 좋다고 해서 모두 성공하는 것도 아니고 반대로 입지가 나쁘다고 해서 반드시 실패하는 것도 아니다. 오히려 프로 장사꾼은 권리금이 무리하게 많이 들어가는 입지를 선택하지 않는데, 그것은 탄탄한 영업 마인드로 무장하고 있기 때문이다. 그렇다면 적은 자본이라지만 틈새 비즈니스를 찾아 철저한 프로 근성의 영업 마인드로 무장하는 것이 지혜로운 영업 전략이라 하겠다.

입지가 좋지 않다면 아이템을 바꾸든지 배달을 전략적으로 하든지, 인터넷을 통하여 할인쿠폰을 발행하든지, 혹은 고객을 찾아

나서는 등 적극적인 문제 해결의 의지만 있다면 다양한 마케팅 전략 등으로 충분히 승부를 걸어볼 수 있다. 사업 환경이 빠른 속도로 변하고 경쟁이 심화되고 있다. 따라서, 철저한 고객관리와 서비스 그리고 적극적인 영업 마인드로 무장이 되지 않으면 경쟁에서 도태될 수밖에 없다. 먹거리 사업은 그 자체가 영업이라 해도 과언이 아니다.

40. 운영 및 관리 효율화를 도모하라

운영에 있어서 전산화를 활용하고 체계적 방식을 통해 로스를 줄이고 생산성을 증대시켜야 한다. 직원관리를 통해 생산성을 향상하고 고객에게 서비스를 제공함은 물론, 방문을 유도하기 위해 멤버십 카드 및 유관업체와 연계해 새로운 프로모션을 진행해야 한다. 포인트를 적립해 일정 금액을 초과하면 무료 식사권을 제공하는 고객 혜택 서비스로 무료 식사권의 유효기간 내에 방문이 없을 시 식사권을 재전송해 주는 것도 전산화 시스템이 되어 있어야 가능하다.

경기가 어려울 때일수록 고객 관리가 중요하며 전산화를 통해 이루어지는 서비스는 고객의 만족도도 높아지고 업무 능력 또한 향상되는 것을 명심해야 한다. 또한, 직원들의 경영 참여 의식 강화를 위해 사내 제안 시스템을 구축하여 업무효율의 향상을 도모해야 한다.

직원들에게 손님의 습성을 가장 잘 숙지하고 있는 주방장과 지배인에게 실제 업무와 매뉴얼 간의 차이점을 보고해 개선할 수 있도록 하고 1년에 한 번 전 직원을 상대로 우수 제안에 대해 시상을 하는 것도 좋은 방법이다. 직원들의 제안대상은 고객만족, 조직활성화, 영업활성화 및 경쟁력 제고 방안 및 원가절감으로 전사적인 손익개선 관련 제안사항 등이 있다.

직원의 제안 제도는 매장에서 발생할 수 있는 비능률적인 요소를 제거하는 데 적극적으로 활용된다는 것을 많은 전문가들이 지적하고 있다. 매장이 커질수록 운영의 한계는 사장의 손에서 벗어나게 되어 있다. 그전에 미리미리 전산화 시스템을 구축하고 효율적인 운영 시스템을 구축하는 것이 먹거리 사업의 필수 요인임을 명심하기 바란다.

41. 인재를 양성하라

　　　　　　　　외식업의 최고 자산은 인재다. 전문성 있는 직원을 키우기 위한 노력을 해야 한다. 직원은 기계의 부속품이 아니다. 직원들에게 폭넓은 기회를 부여하는 데 소홀히 하였다가는 낭패를 보기 십상이다. 직원들의 열정과 헌신은 매장이 가진 최고의 경쟁력이다. 직원들의 열정적인 헌신 없이는 고객의 마음을 사로잡을 수 없고, 번창할 수도 없다. 직원들의 열정과 헌신은 강제로 요구한다고 나오는 게 아니다.

　주인이 얼마만큼 자신과 매장을 희생해 가며 직원들을 위하는지 그 마음이 전달될 때 그들도 온 정성을 다해 고객을 대한다. 어느 한 직원이 없다고 서비스가 떨어진다면 그것은 먹거리 장사로선 상당한 충격을 줄 수도 있다. 먹거리는 구전을 통해 소문이 나기 때문에 잠시의 방심이 매출에 많은 지장을 줄 수가 있다.

　한 사람을 만족시키지 못하는 것은 열 명, 스무 명을 만족시키지 못하는 것과 똑같은 효과를 낸다. 그러기에 음식을 만드는 사람은 여러 사람이 한 가지 맛을 낼 수 있도록 한결같은 맛을 내야 한다. 믿을 수 있는 직원에게는 음식의 노하우를 전수해줘야 한다. 설사 그가 배워서 나갈지라도 의심을 가지지 말고 전수해줘야 한다. 영원한 직원은 없는 것이다. 언젠가는 그 직원도 창업을 할 수 있다고 불안해하여 먹거리 노하우를 전수하지 않는 사장이 있다. 이는 매우 어리석은 사장이다. 이 세상에 영원히 맛있는 것은 없다. 세월이 흐르면 먹거리도 변한다. 더욱이 그 직원이 아니더라도 다른 사람들이 얼마든지 더 맛있게 개발한다.

직원을 믿지 못하고 비법 전수를 못 한다면 그는 먹거리 사업을 하지 않는 것이 더 좋다. 먹거리 사업의 성공 코드는 꼭 맛에만 있는 것이 아니다. 직원들의 사기가 더 중요하다. 그러기 위해서는 맛을 노하우뿐만이 아니라 전체적인 운영 지식의 노하우를 성실한 직원에게 전수하는 것은 먹거리 사업의 성공 노하우다.

42. 직원을 동업자로 만들어라

　　　　　　사람이 돈을 벌어준다는 말은 사업을 할 사람이라면 잊지 말아야 할 격언이다. 모든 일이 그렇듯이 특히 사업은 사람을 움직여야 성공할 수 있고 독불장군이란 없다. 매장도 마찬가지다. 직원들이 열심히 일하고 진실한 마음으로 손님을 대하면 당연히 단골이 늘기 마련이다. 그렇다면 어떤 방법으로 직원들에게 자발적으로 일하고자 하는 동기부여를 할 수 있을까 고민해야 한다.

　필자가 아는 분 중에 밀려드는 손님으로 장사 재미를 톡톡히 봤고, 사업 확장을 직원들과 공동으로 하면 어떨까 하는 생각에 이르게 됐다. 직원이 참여해 별관을 짓고 수익도 투자액에 비례하여 나눈다는 것이다. 그분의 매장에 오래 근무한 여직원 두 사람이 그 제안에 동의해 투자했다. 그분이 투자비의 절반을 댔고, 나머지 두 직원이 절반을 대기로 한 것이다. 직원들은 별관 운영에서 나오는 이익금을 배분받고 있다. 고수익이 나기 때문에 자기 일처럼 열심히 뛸 수밖에 없다.

　처음 참여했던 직원들이 고수익을 올리자 다른 직원들도 공동 투자를 하기 위해 적금을 들 정도가 됐다. 일을 더 열심히 하는 것은 물론이다. 동업과는 또 다른 형태의 직원 공동 투자는 어느 정도 자리를 잡은 식당이라면 시도해볼 만하다. 일반적으로 소규모로 운영하던 식당들이 큰돈을 벌어서 식당을 크게 확장하는 사례를 종종 볼 수 있다. 일단 주인이 충분한 수익을 올린다고 판단되면 다음부터는 직원을 참여시켜 모두가 자발적으로 매장 일을 하도록 유도하는 방법도 생각해 볼만하다.

43. 직원 채용 시 유의사항

　　　　　작은 매장 운영에 있어서 서비스에 대한 고객의 만족은 직원이 어떻게 하느냐에 따라 달라진다 해도 과언이 아니다. 직원 채용 시 유의해야 할 점은 외모, 태도, 성격 등을 항목별로 나눈 체크리스트를 작성하여, 객관적인 평가 자료로 활용하면서 점수를 주는 게 좋다. 한꺼번에 여러 사람을 보게 되면 그때 기분이나 컨디션에 좌우되어 훌륭한 직원을 놓치는 낭패를 볼 수 있기 때문이다.

　직원의 미모를 보지 마라. 먹거리 장사는 미모보다는 청결이 먼저다. 자신이 판매하는 먹거리에 맞는 직원을 채용하라.

　예를 들어 옛날 전통 음식을 판다면 중년의 주부가 좋고, 배달 전문점은 행동이 빠른 사람이 좋다. 직원은 사장을 대신하여 손님과 일대일 서비스의 당사자임을 잊어서는 안 된다. 그러므로 목소리도 매우 중요하다. 또한 음식을 나르는 손도 중요하다.

　월급이 많고 적음을 따지는 직원은 채용하지 마라. 월급의 많고 적음을 따지는 친구는 더 많은 월급을 준다면 언제든지 그만둘 친구다. 이직 경력이 많은 직원을 채용하지 마라. 그런 직원은 어딘가 모르는 중대한 결점이 있을 수 있다. 마음에 드는 직원이 없다면 차라리 주인이 직접 더 뛰어라. 편해 보자고 급히 구한 직원으로 인해 나중에 골칫거리가 될 수도 있기 때문이다.

이 세상에 백 프로 만족할 수 있는 직원은 없다. 백 프로 만족스런 직원은 사장이 만드는 것이다. 외모는 단정하게, 태도는 공손하게, 청결, 단정, 친절은 사장의 솔선수범을 보이며 지도하며 가르치는 것이다. 자신은 지키지 않으면서 직원들에게 너무 많은 것을 기대하지 말라. 백 프로 만족하는 직원은 없다는 것을 다시 한 번 명심해라.

44. 직원에게 경영 마인드를 심어줘라

　　　　　　외식사업도 규모가 커지면 일반회사와 다를 게 없다. 전 직원들이 경영 참여 의식을 갖고 경쟁력 향상을 위해 노력해야 한다. 인력 관리를 위해서는 리더 제도를 운영하는 것도 좋은 방법이다. 이는 아르바이트 직원 가운데 경력이나 업무성과, 업무 능력 및 책임감 등을 고려하여 우수한 사람을 리더로 선정하는 것이다. 정식직원이 되기엔 나이가 너무 어리거나 아르바이트 직원으로 대우하기엔 상대적으로 일 처리 능력이 우수한 사람을 선정해 잠재적 리더로 키우는 것이다. 이렇게 선발된 리더는 통상적인 매장 업무 외에도 아르바이트 직원을 관리하는 업무를 담당하게 된다.

　또한, 보통의 아르바이트 직원 교육보다 한층 업그레이드된 사내 교육을 제공하고 처우 면에 있어서도 기존 아르바이트 직원과는 확실한 차이를 둔다. 그리고 리더 승급 후에도 꾸준히 좋은 성과를 보이고 본인이 희망할 경우에는 관리자들의 추천을 통해 정규직원 채용의 기회를 부여한다.

　여러 가지 업무 가운데 불필요한 것은 없애고 공통적인 특성을 가진 업무들을 통합하여 생산성을 증대시켜야 한다. 이는 다기능 업무가 증가함에 따라 효율적인 협력체계를 구축하기 위한 것이며 따라서 기존에 분산돼 있던 파트를 공통된 업무 중심으로 재구성하여 각 업무의 기술교육을 실시하되 업무습득 능력이 뛰어난 경우 지속적으로 직무순환의 기회를 제공하여 다양한 업무 능력을 키우도록 해야 한다. 직원은 다양한 직무를 습득할 수 있고, 사장 입장에서는 인력의 효율적인 관리가 가능하다.

또한, 오랜 시간 특정 업무만을 수행하는 데서 비롯되는 지루함, 기술의 정체현상 등 부작용을 없앨 수 있는 수단으로도 활용된다. 결국, 중요한 것은, 모든 직원이 다 같이 운영한다는 경영 마인드를 심어 주어야 하는 것이다.

45. 고인건비 셀프 서비스로 돌파하라

　　　　　　　　앞서 말했듯이 셀프서비스 전략은 저렴함만을 내세워 고통 분담을 호소하는 애처로운 전략이 아니다. 바로 고인건비와 인력난을 해결할 수 있는 유일한 방법으로 '셀프'라는 단어에 해답이 있다. 소비자 스스로가 자신에게 서비스를 행하기에 서비스에 대한 불만이 적어지기 때문이다.

　예를 들어, 같은 다양한 육류를 진열하고 셀프로 판매하였을 때 소비자는 다양한 육류 재료를 직접 선택하여 요리해 먹으니 만족할 것이며, 다양한 고기를 자신이 직접 선택하여 좋다고 가져왔는데 먹어보니 좀 질기더라도 불만은 소비자 자신들의 몫이 되는 경우가 되기 때문이다.

　고깃집이 아니라도 일반식당이나 분식집 또는 중국식당 등에서도 얼마든지 셀프서비스 전략을 활용해 볼 수 있다. 패스트푸드점에 이어 커피전문점에서 셀프서비스를 도입하여 가격을 낮춘 것도 이미 오래 전 이야기다.

　셀프는 먹거리의 고인건비를 해소할 수 있는 유일한 아이템이다. 각종 먹거리 사업들이 셀프 비즈니스를 선택하는 것도 고인건비를 줄이면서 손님에게 좀 더 나은 서비스를 찾고 있는 데서 그 원인을 찾아볼 수 있다.

　요즘처럼 사람을 구하기 힘든 세상에 셀프 먹거리 개발은 인력 난을 최소화함은 물론, 최대의 수익을 보장하며 고객의 불평을 줄이는 성공 요인이다. 그래서 요즘은 신종 셀프서비스가 뜨고 있다. 셀프 먹거리는 이 시대의 핵심 성공코드라고 볼 수 있다.

46. 훌륭한 직원이 훌륭한 사장 된다

직원이 사장의 입장에서 '어떻게 하면 좋은 직원이 될 수 있는가?'라고 고민하는 직원은 그리 많지 않다. 그러나 식당 운영에서 직원의 역할은 너무도 크다. 가장 훌륭하고 위대한 직원은 나중에 가장 훌륭한 사장이 된다는 것을 명심하길 바란다. 자신이 사장이 되고 싶다면 훌륭한 직원이 되라. 만약 당신이 다음의 사항들에 모두 해당된다면 당신이야말로 지금 창업해도 성공한 사장이 될 것이다.

1. 모든 것을 사장의 입장에서 생각하라. 사장은 급여를 주는 사람이 아닌 당신 직장의 제공자이다. 사장은 수입이 없으면 빚을 내어서라도 당신에게 급여를 주는 사람이다. 사장을 봉으로 생각한다면 당신이 사장이 되었을 때는 당신을 봉으로 생각하는 직원만 모이게 될 것이다.

2. 고객과 어울리는데 진지한 관심을 가져라. 고객들과 대화하라. 직원은 고객들과 바로 접하는 현실적 역할을 하는 것으로 먹거리의 부족한 면이나 개선할 점에 대해 사장보다 더 잘 알고 있어야 한다.

3. 이웃의 경쟁자들에게 관심을 둬라. 주변의 경쟁 업체들이 하는 서비스의 현명한 지혜를 찾고 그들에게서 무엇을 배울 수 있는가에 관심을 갖고 어떻게 하면 그들이 행한 실수는 피할 수 있는가를 연구하라.

4. 근무시간에는 성실하게 일하라. 근무는 입으로 하는 게 아니고 몸소 실천적인 행동의 근무자세가 양질의 서비스를 창출한다. 출근하였다면 근무시간을 효과적으로 활용하라.

5. 도덕적인 사람이 되라. 정직과 도덕은 직원의 기본적인 가치관이다. 회사의 노하우에 대한 유출은 어떠한 유혹에도 경쟁업체에게 제공해서는 안 된다. 특히 손님들의 유실물들을 잘 챙겨줘야 한다.

6. 폭넓은 전망을 유지함과 동시에 전문 지식이나 기술을 확보하라. 자신이 오늘 가지고 있는 전문성이 내일도 충분하리라고 기대해서는 안 된다. 새로운 지식이나 기술을 배우겠다는 자세를 항상 가져야 한다.

7. 먹거리 사업의 관련 학문을 배워라. 먹거리 사업은 단순히 요리를 만들어 파는 사업이 아니다. 먹거리 사업을 위해서는 경영학, 식품영양학, 마케팅학 등 관련 학문이 수두룩하다. 학문을 익혀

일에 있어서 무엇이 돈을 벌게 하고 무엇이 망하게 하는지 이해해야 한다.

8. 매장의 모든 제품에 대하여 적극적인 호기심을 가져라. 당신 스스로 가능하다면 모든 제품을 직접 만들고, 먹어보아야 한다. 경험은 자주 보는 것이 아니다. 설사 잠시 동안 있을지라도 자신이 파는 것을 확실히 아는 것은 훌륭한 성공 밑천이다.

9. 생각했으면 바로 실천하라. 생각만 가지고 실천하지 않거나 말로만 떠든다면 그건 기회주의자나 다름없다. 잘되면 자기가 말한 대로 되었다고 하고 안 되면 자신의 말을 안 들어서라 할 것 아닌가. 입으로는 성공할 수가 없다.

10. 매장의 모든 업무를 다 파악하라. 어떤 영역이든 필요하기 때문에 있는 것이다. 자신의 일이 아니라서 등한시한다면 발전이 없을 것이며 모든 것을 배운다는 자세로 일을 해라. 책에 나오지 않는 훌륭한 공부거리가 많다.

11. 주변 동료의 일을 도와줄 수 있다면 도와라. 이 세상에 독불장군은 살아가기 힘들다. 자신이 영원히 직원이 되라는 법도 없다. 주변의 동료에게도 신임을 얻지 못하는 사람은 나중에 시장이 되었을 때 직원에게 신임을 얻지 못한다.

제2부

외식사업 창업자가
꼭 알아야 할 상식

필자가 외식사업을 하게 되면서 알게 된 외식사업을 하기 전에 알아야 할 상식을 나열해 보았습니다. 예비 창업자에게 도움이 되길 바랍니다.

01. 주방용품 싸게 사는 방법

　　　　　　중고 주방용품 구매는 서울 황학동 중앙시장을 권하고 싶다. 처음 창업하는 사람의 경우 주방용품을 새것으로 구입하는 경우가 많지만, 한번이라도 장사에 대한 경험이 있는 사람이라면 다르다.

　서울 중구 황학동에 위치한 중앙시장은 과거에는 성동시장이란 이름으로 미곡과 채소를 취급하는 도매시장이었다. 지하철 2, 6호선 신당역에서 내려 청계천 방향으로 걷다보면 주방용품만을 파는 매장들을 만나게 된다. 대로변에 있는 매장보다 골목 안쪽에 있는 매장을 택하는 것이 좋은데 중고 물건의 수량이나 가격이 대로변보다 상대적으로 싸기 때문이다. 기억해야 할 사항은 중고용품인 만큼 가격은 주인이 부르기에 따른 것이니 여러 매장을 둘러보는 것이 유익하다. 최근 코로나로 자영업자들의 폐업이 속출하여 필자가 창업할 때보다 지금 훨씬 더 싼 가격에 구입이 가능하다.

　숭례문 수입상가는 남대문 바로 옆에 수입품 전문 상가 중 가장 유명하다. 지하 1, 2층에 5백여 매장이 있어 그릇, 소형 가전제품, 가구 등 아주 다양한 아이템의 제품들을 취급하고 있으므로 쇼핑하기 편리하다. 영업시간은 오전 6시에서 오후 7시까지며 매주 일요일은 휴무이다.

을지로에 있는 스테인리스 상가는 30여 년 동안 스테인리스를 전문적으로 판매하는 곳이다. 을지로 5가에서 동대문 운동장 쪽으로 밀집되어 있는 매장들을 일컫는 말이다. 냄비, 압력솥, 프라이팬 등의 스테인리스 주방용품을 시중보다 20~30% 정도 싸게 구입할 수 있으며, 다량 구입 시에는 더 싸게 구입할 수도 있다. 30여 개의 매장이 있으므로 여러 곳을 둘러보고 가격도 비교해 본 후 구입하는 것이 좋다. 영업시간은 오전 8시 30분에서 오후 7시까지이고, 매주 일요일에 쉰다.

요즘은 인터넷으로도 다양한 주방용품들을 손쉽게 찾아볼 수 있지만, 직접 보고 만져보는 것만큼 좋은 건 없다고 생각한다. 새 제품도 좋지만, 필자의 생각은 중고시장을 활용하는 게 어떨까 한다. 음식을 만드는 것은 재료에 있으므로 중고 주방용품으로 비용을 절약한다면 다른 시설에 좀 더 투자할 수 있는 폭이 넓어질 것이다.

02. 농수산물 싸게 사는 것에 대해

농수산물은 도매시장을 가야 하겠지만, 그 것이 여의치 못한 경우에는 근처 재래시장에 가면 식당만 전문으로 배달하는 도매상인이 있다. 그들과 거래를 하는 것이 좋으며 거래를 하면서 물건을 속이지 않고 파는 업체라면 한곳을 꾸준히 거래하는 것이 좋다. 그래야 외상거래도 할 수 있고, 나중에 어려운 일이 생겼을 때는 도움도 받을 수 있다. 특히 생물은 서로 간의 신의가 중요한 거래이다. 음식은 조금이라도 품질이 떨어지는 재료로 요리하면 금세 티가 나므로 신뢰가 가는 업체와의 거래가 매우 중요하다.

매장에서 배달만 받지 말고 가끔은 직접 시장을 가서 제대로 배달은 하는가, 또한, 시세가를 제대로 주는 건가를 확인하는 것도 꼭 필요하다. 앉아서 오래 받다보면 시장물정을 몰라 비싸게 받게 되고, 그럼 소비자에게 양질의 서비스를 할 수 없기 때문이다.

03. 우수 프랜차이즈 선별법에 대해

프랜차이즈 선정 시 꼼꼼하게 잘 따지고 또 따져야 한다. 사업 경험이 전혀 없는 초보 창업자에게 프랜차이즈 가맹은 여러모로 장점이 있다. 표준 매뉴얼에 따라 창업 절차를 밟기만 하면 되는 데다가, 본사가 믿을 수 있는 원재료 및 규격을 제대로 갖춘 제품 공급은 물론 광고 마케팅을 지원해줘 사업하기가 편리하다. 또한 소자본으로 창업이 가능해 접근이 쉽다는 점도 매력이다.

하지만 부작용 역시 상당해 이미 위험수위에 올랐다는 지적도 있다. 프랜차이즈 형태가 불가능한데도 억지로 가맹 시스템을 만들거나 가맹비, 인테리어비, 초기 물품비 등을 가로챈 다음 폐업하는 악성 체인본부가 적지 않다.

현재 우량 프랜차이즈와 불량 프랜차이즈의 양극화 역시 급속도로 진행되고 있다. 예비창업자는 명확한 판별능력을 가져야 실패를 줄일 수 있다. 유명세나 광고만을 믿고 가맹 계약을 하였다가는 낭패를 보는 경우가 허다하다.

필자가 나름대로 우수가맹점 판단에 관하여 생각해본 바는 다음과 같다.

1. 경쟁력 있는 매장을 만들기 위해 지속적으로 투자하는 프랜차이
   즈는 영속성이 높다. 1년에 최소 2회 이상 정기교육과 필요시 수
   시로 교육을 실시하는 본사는 믿을 만하다. 프랜차이즈 업체가
   아무리 유명한 업종이라 하더라도 지속적인 교육시스템 없이는
   경쟁력을 상실한 졸속으로 실패확률이 높다.

2. 철저한 가맹 시스템을 갖추고 해당 업종에 노하우가 있는 본사가
   최상의 체인 본부이지만 이 조건을 모두 충족하는 곳은 극소수
   에 불과하다. 본사가 모든 것을 해결하고 지원해줄 것이라고 기대
   했다간 낭패를 보기 쉽다. 사업은 스스로 하는 것이라는 사실을
   명심해야 한다.

3. 오랫동안 가맹사업을 해 왔지만 정작 일반 대중에게 덜 알려진
   탄탄한 업체가 꽤 많다. 가맹점 수보다 연륜과 노하우에 관심을
   기울여야 한다. 유행보다는 지속성에 관심을 가져야 한다.

4. 프랜차이즈의 기본 원리는 본사와 가맹점의 공생 공영이다. 만약
   중간에 지사나 가맹점 개설 시 일정액의 수수료를 받는 계약직
   영업사원이 있다면 본사의 관리능력이 부족하다는 뜻이다. 다만
   전국적으로 가맹점이 개설된 본사 중에는 관리와 지원의 효율성

을 위해 지사망을 구축하는 경우도 있다.

5. 최근 영세한 신생업체들이 온라인을 통해 대대적인 광고를 한 후 치고 빠지는 경우가 생겨나고 있다. 이때는 거의 예외 없이 거액 의 자금부담을 안게 될 가능성이 크다.

6. 기존의 가맹점이나 본사의 협력업체 그리고 고객인 소비자 등의 외부고객뿐만 아니라 본사 직원인 내부고객의 만족도를 조사하 면 본사의 우수성과 도덕성을 가늠할 수 있다.

7. 직영점의 영업성과는 가맹점의 성패로 이어진다. 특히 외식업은 수년간 직영점 운영을 통해 고객으로부터 검증을 받은 본사를 선 택하는 것이 필수라 생각된다.

8. 프랜차이즈 업체는 가맹점 개설 이익에만 의존해서는 경영안정을 찾기 어렵다. 건실한 프랜차이즈일수록 초기 개설비용이 저렴한 대신 물류유통 마진을 높인다. 그래서 물류시스템을 어느 정도 갖추었는지도 꼭 알아봐야 한다.

9. 배달업종은 영업권 분쟁이 생길 소지가 많다. 도덕성이 높은 프 랜차이즈는 영업권을 철저히 보장한다. 기존 가맹점의 영업권을 고려하는 곳이라면 믿을 수 있다.

10.사업 노하우와 브랜드 이미지에 강한 자존심을 가진 본사는 결코 가맹점이 부실해지는 것을 보고만 있지 않는다. 브랜드 이미지에 먹칠하는 부실 가맹점을 과감히 퇴출하거나 가맹점의 회생 전략을 모색하기 마련이다. 회사의 모든 역량을 한 가지 아이템에 집중하면서 경쟁력을 키워나가는 본사는 쉽게 망하지 않는다. 부실한 본사일수록 한꺼번에 이것저것 손을 대는 경우가 많다.

04. MZ세대 먹거리 추천 아이템에 대해

　　　　　　　　MZ세대가 타깃인 외식산업은 유망 먹거리 창업에 속한다. 특히 주말 여가가 늘어나면서 신선하고 맛있는 먹거리 사업은 성공 1순위다. 먹거리는 우선 소비층이 두터운 업종을 골라야 할 것이다. 먹거리 시장만큼 빠른 변화상을 보이는 분야도 없다. 새로운 유행 업종이 하루가 멀다 하고 탄생하는 한편 인기를 끌지 못하는 업종은 가차 없이 도태되곤 한다. 게다가 코로나가 퍼지기 전 수년간 지속되는 먹거리 창업 붐과 함께 최근 크고 작은 변화가 시장 곳곳에서 일어나고 있다. 그러나 실전 경험이 부족한 먹거리 예비 창업자들 대부분은 빠르게 바뀌는 시장 환경을 읽어내는 능력을 갖추지 못하고 있다. 특히 먹거리 창업 준비 과정에서 가장 중요한 단계인 메뉴 선정에 있어 혼란을 거듭하기 일쑤다. 이들에게는 창업의 성패를 맛본 경험자들의 충고가 절실하다.

　성공한 먹거리 창업자에게 설문 조사한 결과, "먹는 장사는 망하지 않는다."라는 속설을 확인시켰다. 특히 최대 소비그룹으로 올라선 MZ세대층에서 인기를 끄는 업종이 두드러졌다. 요즘 선풍적인 인기를 끌고 있는 배달 문화가 확산되면서 안정적인 기반을 구축했다. 다만 너무 많은 프랜차이즈가 난립한 데다 계속해서 새로운 프랜차이즈가 생겨나고 있어 본사 선택에 각별히 주의해야 한다. 또 직장인, 학생 등 단골 고객이 전체매출의 60~70%를 차지하는 곳이 대부분이므로 커피 맛 향상과 고객관리에 신경 써야 한다. 중국 음식에 미국식 요리법을 가미한 퓨전 중국 요리점은 주목을 받고 있다.

음식의 양과 종류를 다양화해 가격대를 세분화한 중국음식점도 새바람을 일으키는 중이다. 매일 일정한 시간에 고객을 대상으로 이벤트를 여는 주류 전문점도 젊은 층 사이에 인지도가 높다. 레크레이션, 가격 할인 이벤트 등을 통해 함께 즐기자는 개념이 자유분방한 MZ세대들에게 어필되기 때문이다. 기존 매장에 이 같은 아이디어를 접목해도 매출향상을 기대할 수 있다. 특히 코로나로 인하여 배달 시장은 날로 급성장하고 있으며, 이에 대비한 메뉴개발에 만전을 기해야 한다. 날로 급성장하고 있으며, 최근에는 밀키트 시장으로 확대되고 있는 추세이다.

05. 창업 전 생각할 먹거리 트렌드에 대해

앞으로 두드러질 먹거리 트렌드를 10가지로 정리하면 다음과 같다.

1) 건강을 알면 돈이 보인다

사회 전반에 건강 장수에 대한 욕구가 폭발하고 있다. 건강 지향적 컨셉을 접목한 음식점을 공략해야 한다.

2) 가족이 뭉쳐야 한다

가족 간 신뢰와 사랑을 바탕으로 목표와 일터를 공유하는 가족 창업이 붐을 형성하고 있다. 부부 창업, 모녀 창업, 형제 창업, 자매 창업 등 상황에 맞는 업종을 선택하여 시너지효과를 내는 게 중요하다.

3) 가격은 더 낮춰라

합리적인 소비 형태가 보편화되고 있다. 저가격을 모토로 삼거나 유통단계 단순화를 통해 박리다매를 겨냥할 필요가 있다. 다만 단순히 가격만 저렴하고 품질이 떨어지는 것은 지양해야 한다. 가성비 좋은 제품을 개발해야 한다.

4) 다른 사람의 불편이 나에게는 사업 기회이다

바쁜 현대인이 일상생활에서 가장 먼저 꼽는 조건은 얼마나 편리한가이다. 각종 음식 배달전문점은 식생활에 많은 편리함을 기여하는 업종이 갈수록 인기다.

5) 열정만 있으면 맨손도 문제없다

무매장 아이템이 뜨고 있다. 소액으로 시작하지만 뛴 만큼 벌 수 있다는 게 매력이 있다. 주거 밀집지를 대상으로 한 배달업종으로 매장 없이도 가능한 먹거리는 얼마든지 있다.

6) 어린이 사업은 불황을 모른다

아무리 생활이 어려워도 자녀를 위한 소비는 아끼지 않는 게 우리 정서이다. 아이들이 좋아하는 먹거리는 불황을 가장 적게 타는 것으로 안정적인 매출을 구축할 수가 있다.

7) 여성 창업 전성시대이다

20~30대 젊은 여성이 창업 시장 주역으로 떠올랐다. 섬세하고 꼼꼼한 관리가 필요한 먹거리 관리에 있어서 여성 창업이 우세를 보이고 있다.

8) 청년창업 키워드는 아이디어와 개발이다

취업 대신 창업을 선택하는 청년층이 부쩍 늘었다. 지식이나 경험을 활용하거나 몸은 힘들어도 투자비가 적게 드는 무매장 업종을 권할 만하다.

9) 글로벌 음식 춘추전국시대이다

국경 없는 외식업 전쟁이 시작됐다. 이미 익숙한 일본식과 중국식, 그리고 미국식은 날로 새로운 형태로 변화시켜야 주목받을 수 있다.

10) 기대수준 업그레이드를 항상 도모하라

고객 취향은 물론 창업자의 기대수준도 날로 높아지고 있다. 고객 요구에 부응하고 새로운 먹거리 아이디어를 개발하고 접목하기 위해서는 끊임없는 연구와 관심이 필요하다.

외식사업 창업 시 가장 중요한 요인은 치밀한 전략이다. 사업아이템을 선정할 때는 반드시 기존 영업 매장들의 현황을 발로 뛰며 파악해야 한다. 프랜차이즈 체인점을 한다면 체인 본사 선정도 성패를 좌우하는 중요한 요소다. 기존 가맹점을 방문, 영업 현황과 본사 지원 상황을 알아봐야 한다. 지난해부터는 프랜차이즈 관련 법규가 제정돼 본사가 계약 전에 가맹점주에게 본사에 관한 정보 공개서를 보여주도록 돼 있다. 정보 공개서에는 해당 업체에 대한 임원 이력부터 재무상황까지 자세하게 공개하도록 돼 있다.

입지 선정에서는 발로 뛰는 조사가 필수다. 상권은 물론 입지 여건, 앞으로의 상권 전망 및 변동사항까지 체크해야 한다. 업종과 관련한 매장 인허가 사항도 필수열람 요소다. 주변 매장들의 영업 현황이나 시세 조사를 해야 하며, 경쟁 매장을 파악하고 경쟁률도 체크해야 한다.

유사 업종을 통한 매출 예측도 필요하다. 시간대별 유동인구 조사와 상권 내 가구 수 및 상주인구도 조사해야 한다. 손익분기점을 돌파할 때까지 기간은 어느 정도 잡는 것이 좋은가도 생각해야 한다. 업종마다 손익분기점 도달 시기가 다르다. 외식사업의 경우 보통 한 달 이내에 손익분기점이 달성돼야 하며, 초기 조건이 좋다면 많은 업종들이 개점 초기부터 손익분기점 달성이 가능하다.

　손익분기 도달 기간이 느린 업종이라면 3개월 이내에 매장 영업을 활성화한다는 전략으로 조기 정착 프로그램을 실시해야 한다. 조기 정착 프로그램이란 매출 활성화 및 목표 매출 조기 달성을 위해 다양한 판촉 및 마케팅 전략을 수립하고 과학적으로 품질과 서비스, 매장 직원 관리를 하는 시스템을 말한다.

일반적으로 5,000만 원 이하는 투자비의 4~5%, 1억 원 내외는 투자비의 4%, 2억 원 이상은 투자비의 3.5~4%를 월 표준 소득액으로 본다. 그 정도를 번다면 비교적 성공한 매장이라는 뜻이다. 다만 비슷한 소득이라고 해도 평당 매출액, 직원 1인당 매출액, 감가상각비 등은 다르기 때문에 개별 사례별로 수익성을 검토해야 한다.

수명이 짧은 업종이나, 시설 투자비가 많이 드는 업종이라면 상대적으로 높은 소득을 올려야 한다. 그래서 먹거리 창업을 할 때는 투자 전에 사업의 수익률 전망이 매우 중요하다. 투자한 먹거리 사업은 장사를 시작하면 투자금을 단기간 회수하는 목표를 설정하는 것이 중요하다. 초기에 수익률을 제대로 못 잡으면 시간이 갈수록 감가상각으로 회수하기가 매우 어렵기 때문이다.

외부 투자자의 도움을 얻을 때는 무리한 외부 자금 유입은 부실 경영의 원인이 되기 쉽다. 총투자비에서 외부 자금이 30%를 넘어서는 것은 경영에 부담될 수 있다. 업종 성격을 고려해 전체 자금 중에서 약간의 운영자금을 준비해 놓되, 경쟁력을 갖출 정도는 투자를 해야 한다. 그러기 위해서는 아무래도 외부로부터 차용할 수

밖에 없는 경우가 있는데, 무리하게 차용하였다가는 열심히 고생하여 이루어 놓은 사업을 빚으로 인해 문을 닫거나 채권자에게 양도하는 일이 생길 수가 있다. 처음에는 투자보다는 차용에 가깝기 때문에 고리의 이자를 줄 수밖에 없는데 많은 부채를 안고 사업을 하는 것은 차라리 안 하느니만 못하다.

사업의 투자와 차용을 확실히 구분할 필요가 있다. 처음 창업을 할 때 그런 구분 없이 시작하여 잘 만들어 놓고도 문을 닫는 경우가 있다. 그러므로 자기의 자본에 맞게 시작하는 것이 가장 바람직하다.

08. 프랜차이즈로 성공하려는 사람에게

　　　　　　　독창적인 아이디어만이 살길이다. 아침에 눈을 뜨고 활동하면서 어디에서든 아이디어를 짜내야 한다. 고객이 원하는 것을 최대한 충족시키려 노력하는 것이 성공의 지름길임을 각인하라. 처음부터 큰돈 벌려고 덤비면 반짝 장사로 그치기 마련이다. 내실을 기하고 사세를 확장해라. 장래성 있는 제품을 택하라. 순간 유행하고 사라질 먹거리 메뉴인지 철저히 점검하라.

　일단 사업을 시작했으면 맛을 개선할 방법은 없는지 서비스 수준을 높일 방법은 없는지 끊임없이 연구하고 실행해야 한다. 하나의 가맹점을 내주더라도 정성을 다해라. 단순히 음식을 만드는 법을 알려주는 정도로 그쳐서는 안 된다. 사업의 모든 노하우를 전수해 줘라.

　가맹비에 관심을 버려라. 가맹점은 본점의 하부구조가 아닌 공생관계임을 잊어서는 안 된다.

음식을 만드는 사람에게 체력의 중요성은 아무리 강조해도 지나치지 않다. 다음은 가격경쟁력을 높여야 한다. 원가가 높아졌다고 판매금액의 30%로만 생각하면 질이 떨어져 실패하기 쉽다.

한 번 고객은 영원한 고객으로 만들어야 한다. 그러기 위해서는 단골손님에게는 작은 기념품을 별도로 주면 효과가 좋다. 또한, 단골손님의 이름이나 주변사항을 기억하는 것도 좋으며, 만약 단골손님이 무슨 행사로 즉 생일이나 기념일에 왔다면 메모하는 것도 좋은 방법이다.

마지막으로 친절이다. 친절 없이는 아무리 맛있는 음식을 만들어도 실패한다. 고객과 언쟁을 피하는 것이 좋지만 소란이 커지면 제압하는 요령도 필요하다. 친절을 위해 무작정 비는 자세보다 손님의 마음을 상하지 않게 하고 제압할 수 있는 요령이 있어야 한다. 아무리 잘 만든 음식이라도 모든 사람을 만족할 수는 없는 것이다. 그러기에 불평은 나오게 되어 있다. 장사가 잘되면 시기하는 사람도 생기기 마련이다. 그러니 주변 이웃에게 적대감을 주거나 우월감을 가져서는 안 된다. 항상 겸손한 자세로 영업해야 한다.

10. 창업자 자질 테스트에 대해

　　　　　　　　사장은 아무나 하는 게 아니다. 예비 창업자가 주변 사람들에게 흔히 듣는 말이다. 사업 경험이 전혀 없는 사람이 창업을 통해 성공에 다다르기란 생각만큼 쉽지 않다는 이야기다. 실제로 일반 창업자의 성공비율은 20~30% 선으로, 결코 높은 편이 아니다.

　한껏 기대에 부풀어 창업에 나섰다가 본전은커녕 엄청난 적자만 짊어지고 금세 실패하는 사례가 적지 않다. 성공한 창업자가 부각되는 이면에는 좌절한 창업자가 몇 배 더 많은 셈이다.

　필자는 실패의 첫째 원인으로 자질 부족을 꼽는다. 창업에 자질과 적성이 맞지 않음에도 이를 모르거나 무시한 채 전선에 나섰기 때문이라는 것이다. 일례로 지난해 11월 예비창업자 143명을 대상으로 한 자질 테스트 결과 전체의 37.1%만이 창업자로서 좋은 자질을 가진 것으로 나타났다. 특히 매우 우수한 자질을 가진 예비창업자는 단 한 명도 없었다. 자질이 부족하다고 판단되면 되도록 창업에 나서지 말아야 한다. 파산하거나 낙담하는 창업자를 줄이기 위해서라도 자질 테스트를 반드시 거쳐야 한다.

　미국에서 창업적성을 평가하기 위해 많이 사용되고 있는 '바움백 테스트'는 스스로 창업자 자질을 테스트할 수 있도록 만들어졌다. 각 항목을 통해 개성과 열의, 결단력, 책임감, 인내력, 계획능력, 리더십, 진취성, 비판 수용도, 학습능력, 근면성 등 창업자에게 필요한 10가지 특성을 측정할 수 있다.

[미국 바움백(Baumback) 테스트]

아래 각 항목에 그렇다(3점), 간혹 그렇다(2점), 그렇지 않다(1점)로 답한 후 점수를 합산해 보면 된다.

1. 다른 사람과의 경쟁 속에서 희열을 느낀다. (　　)

2. 보상이 없어도 경쟁이 즐겁다. (　　)

3. 신중히 경쟁하지만 때로는 허세를 부린다. (　　)

4. 앞날을 생각해 위험을 각오한다. (　　)

5. 업무를 잘 처리해 확실한 성취감을 맛본다. (　　)

6. 일단 하기로 결심한 일이면 뭐든 최고가 되고 싶다. (　　)

7. 전통에 연연하긴 싫다. (　　)

8. 일단 일을 시작하고 나중에 상의하곤 한다. (　　)

9. 칭찬을 받기 위해서라기보다 업무 자체를 중요하게 생각한다. (　　)

10. 남의 의견에 연연하지 않고 내 스타일대로 한다. (　　)

11. 나의 잘못이나 패배를 잘 인정하지 않는다. (　　)

12. 남의 말에 의존하지 않는다. (　　)

13. 웬만해서는 좌절하지 않는다. (　　)

14. 문제가 발생했을 때 직접 해결책을 모색한다. (　　)

15. 호기심이 강하다. (　　)

16. 남의 간섭하는 것을 못 참는다. (　　)

17. 남의 지시를 듣기 싫어한다. (　　)

18. 비판을 받고도 참을 수 있다. (　　)

19. 일이 완성되는 것을 꼭 봐야 한다. (　　)

20. 동료나 후배가 나처럼 열심히 일하기를 바란다. (　　)

21. 사업 지식을 넓히기 위해 독서를 한다. (　　)

평가 결과

- **63점 이상** : 완벽한 창업자 자질을 갖추고 있다.
- **52~62점** : 창업자로 좋은 자질을 가지고 있다.
- **42~51점** : 창업자로 보통의 자질을 가지고 있다.
- **41점 이하** : 창업자 자질을 기른 후 창업해야 한다.

※ 51점 이하인 경우, 창업자로서 자질이 부족하다고 판단함.

11. 일본 먹거리 문화에 대하여 한마디

신종 먹거리 사업으로는 일본의 먹거리 사업에 관심을 가져볼 만하다. 한일 양국 간의 문화교류가 다양하게 이뤄지면서 일본의 유행이 실시간으로 국내에 전달되고 시장을 선도하는 예들이 심심찮게 눈에 띄고 있다. 이에 따라 소자본 창업을 구상하는 예비 먹거리 창업자들 중에는 일본에서 유행하는 독특한 먹거리 사업아이템을 발굴하기 위해 일본에 직접 다녀오는 경우도 증가하고 있다.

그러나 일본에서 유행하는 신종 사업아이템은 무조건 대박이라는 맹신은 금물이다. 오히려 평범한 매장이라 할지라도 어떻게 운영을 하고 있는지 차별점이 무엇인지를 세밀하게 관찰하고 배우는 것이 더 유익할 것이다. 가능하다면 일본을 잘 아는 전문가나 창업을 생각하는 다른 사람들과 함께 벤치마킹을 하는 것도 효과적이다. 다음은 구체적으로 먹거리 사업을 준비하는 예비창업자가 참고할 만한 일본 음식점의 특징이다.

첫째, 대부분의 식당출입문은 자동문으로 돼 있다. 엄밀히 말하자면 반자동문이다. 감지기에 의해 자동으로 문이 열리는 형태가 아니고 고객이 출입문에 부착된 감지기 부분을 건드려야만 열리기 때문이다. 다시 말해 매장 안으로 들어갈 의도가 분명한 상황에서만 자동문이 작동한다는 것이다. 최근 우리나라에서도 자동문을 설치하는 식당이 늘어나고 있는데 이러한 반자동 시스템을 도입한다면 불필요하게 문이 열리고 닫히면서 발생하는 낭비를 줄일 수 있을 뿐만 아니라 잦은 오작동으로 인한 고장을 방지할 수 있을 것이다.

둘째, 매장 전면에 취급하는 메뉴가 먹음직스럽게 진열(Exterior)이 돼 있고, 가격도 친절하게 표시돼 있다. 우리나라에도 일부 고급 레스토랑이나 외국인을 상대로 하는 음식점 등에서 간혹 볼 수 있는데, 이러한 진열은 잠재고객에게 기본적인 정보를 제공함으로써 고객의 의사결정, 즉 그 식당에 들어갈 것인가, 그리고 어떤 음식을 먹을 것인가 여부를 지원하는 효과가 있다. 적절한 정보의 전달은 대고객서비스의 출발점이나 고객의 발길을 자연스럽게 끌어모으는 원동력이 된다.

셋째, 공간 및 인력을 효율적으로 활용한다는 점을 꼽을 수 있다. 음식점의 입구에는 식권 자동판매기가 설치돼 있다. 또한, 좌우로 길게 늘어진 타원형 바(Bar) 형태의 테이블이 있고, 그 테이블 가운데에 주문을 받고 서빙을 하는 직원 전용통로가 만들어져 있다.

그 통로는 주방과 연결돼 있기 때문에 직원의 동선은 매우 일정하다. 서빙을 하다 말고 돈을 받으러 카운터로 달려갈 필요도 없고, 식사 중인 손님 사이로 쟁반을 들고 오갈 필요도 없다.

넷째, 일본의 식당에서 나오는 음식의 양은 포만감을 느끼기에는 턱없이 부족하다. 간신히 허기를 잊을 정도라는 표현이 더 어울릴지도 모르겠다. 그러다 보니 음식물 찌꺼기가 거의 나오지 않는다. 설거지하기 참 편하겠다는 생각이 들기도 한다. 음식 문화에 관한 한 일본의 문화가 훨씬 실속은 있어 보인다.

물론 모자라 보이거나 음식을 담은 그릇의 바닥이 보인다 싶으면 냉큼 한 그릇을 다시 채워주는 우리나라 전통의 음식 문화를 감안했을 때 이러한 일본의 음식 문화를 그대로 따를 수는 없지만, 매장의 입지나 타깃 고객의 성향에 따라서는 음식의 양을 적절히 조절해 보는 경영 전략도 도입해볼 만하다.

12. 자금 규모별 먹거리 창업에 대해

　　　　　　가장 적은 돈으로 창업할 수 있는 자본금으로, 누구나 할 수 있으며 혼자서 할 수 있다. 우선 손쉽게 할 수 있는 것은 손수레를 이용하여 장사하는 것으로, 계절의 변화에 민감할 수밖에 없다. 대표적인 것으로는 아이스크림이나 솜사탕 등 유원지 근처에서 시작할 수 있으며, 청소년을 상대로 하는 것이 가장 이상적이다. 요즘은 이런 작은 먹거리도 체인사업으로 시작하는 업체들이 있는데, 그런 업체들을 이용하는 것도 좋다. 자신만의 독특한 아이디어를 개발하여 판매하는 것도 좋다. 우선 실패율보다는 수익이 관건이지만, 먹거리 창업을 시도하는 데는 적지 않은 좋은 경험을 쌓을 수 있다는 장점이 있다. 길거리 장사만큼 차리기도 쉬운 것도 없지만, 오래 하지 못 하는 것도 없다는 것을 명심해야 한다. 특히 길거리 장사는 계절의 영향을 많이 받으므로 계절에 따라 제품을 개발하는 지혜가 필요하다.

500만 원 안팎

요즘은 많은 청년창업자들이 푸드트럭을 이용하여 먹거리 장사를 한다. 더욱이 이동식 먹거리로는 아파트 단지 입구에서 하는 것이 가장 효율적이며, 아파트 관리실에 문의하면 허가를 받을 수 있기 때문에 안정적인 수익이 보장되기도 한다. 차로 이동하면서 하는 먹거리 장사는 기동성이 좋아 시장성이 없는 곳은 바로 철수가 용이함은 물론, 장사가 잘되는 곳은 먼 데라도 운영이 용이하기 때문에 많이들 시작한다. 단 한 가지 문제점은 소비자들에게 뜨내기 장사꾼이라는 인식으로 먹거리의 위생적인 것에 의심을 받으니 위생에 철저하다는 인식을 주는 게 중요하다.

소형 자동차를 이용한 먹거리 장사는 장소에 구애를 받지 않는다는 장점에 많은 사람들이 시작하나, 이 또한 계절의 영향을 많이 받는 것이 특징이라 한 가지로 장사를 연중 할 수 없다는 단점을 보완한다면 좋은 먹거리 창업이라 할 수 있다.

1,000만 원 안팎

적은 돈으로 시작할 때 가장 많이 선택하는 것이 시내에서 조금 벗어난 외곽에서 하는 경우가 많은데 요즘은 맛만 좋다면 외곽이라도 구애받지 않는다. 외곽에서의 창업은 맛이 첫째이다. 맛이 없는 매장은 외곽에서 망하게 되어 있다. 더욱이 다른 매장과 비교해 별 특색이 없는 매장도 승산이 어렵다고 볼 수 있다. 이젠 적은 돈이라도 자신감을 가지고 먹거리 사업에 도전을 해봐도 괜찮으리라 생각된다. 비록 적은 돈으로 시작하지만, 맛을 잘 연구하여 시작한다면 얼마든지 변두리에서 창업해도 승산이 있다. 작은 매장을 임대하여 시작한다면 좋은 결과가 있으리라 생각된다. 대표적으론 김밥 전문점이나, 치킨 배달점을 권하고 싶다. 배달을 전문으로 한다면 외곽이라도 그리 많은 돈을 들이지 않고 승산이 있다고 본다.

5,000만 원 안팎

동네에 자리를 잡고 도전해 볼 수 있는 작은 매장이 이 자금대로 가능하다. 배달사업이라면 유명한 체인점과 계약을 체결하여 운영하는 것도 바람직하다. 한 가지 주의할 것은 체인점 본사의 지원 시스템 등을 점검할 필요가 있다. 또한, 유행을 타지 않는 제품을 선택하는 것도 좋은 지혜라 하겠다. 많은 사람들이 이 정도 돈에서 시작하는 경우가 많은데, 대개가 자신의 유용자금 전부인 경우가 많아서 실패하면 고전을 못 면하는 경우가 많다. 자금을 제대로 운영에 분배하는 지혜가 필요하다.

1억 원 안팎

　일반 먹거리 매장을 창업하기에 무난한 자금규모이다. 김밥, 우동 전문점은 A급 입지에서도 창업할 수 있다. 시설비가 저렴한 외식업이라면 30평대 창업도 가능하다. 삼겹살 전문점, 꼬치구이 전문점 등 소규모의 다양한 먹거리 창업이 가능한 자본금이다. 특히 인지도가 높은 소규모 프랜차이즈 가맹점도 맺을 수 있으며, 선택을 잘한다면 안정적인 창업이 가능한 금액이다. 소규모 먹거리 업종 선택의 폭이 가장 넓어 업종을 선택하는 데 가장 힘들어하는 자본금이라 하겠다. 다양한 선택을 할 수 있는 자금이기에 선뜻 결정하여 낭패를 보는 경우가 많다. 그러니 시설 투자나 업종선택에 신중한 검토와 업체선택의 각별한 지혜가 요구된다.

2~3억 원 안팎

　초대형 매장을 제외하고는 비교적 좋은 조건으로 외식사업이 가능하다. 특히 유행하는 업종은 거의 다할 수 있는 자금으로 최고 번화가에 테이크아웃점도 가능하다. 또한, 유명 대기업이 운영하는 프랜차이즈도 오픈할 수 있는 자금으로 안정적인 수익을 창출할 수 있는 자금이다. 그러나, 한 번 투자하면 장기간 운영해야 하므로 세심한 주의가 필요하다. 평생직장으로 생각하고 신중에 신

중을 기울여야 함은 물론, 유행을 타지 않는 업종을 선택하는 것
이 가장 중요하다.

제3부

외식사업 창업
마케팅에 관하여

먹거리 창업을 할 때도 철저한 경영 마케팅 마인드가 필요하다. 특히 먹거리 사업의 매출은 아주 조금만 신경 써도 매출이 100%씩 오른다는 점을 알아야 한다. 다음은 필자가 나름대로 정리해본 먹거리 마케팅이다.

01. 프리미엄 마케팅 전략에 관하여

　　　　　　　　프리미엄 마케팅은 소비자의 흐름이 프리미엄급 제품 시대의 본격적인 도래로 소비자들의 소비 트렌드가 변한 데서 기인한다. 최근 경기회복이 되면서 좀 더 고급스럽고 건강에 유익한 제품을 선호하는 소비자들이 늘어나고 있다. 이에 따라 최근 기존 제품보다 가격은 20~30% 정도 비싸지만 품질과 기능 면에서 확실히 차별화 된 프리미엄급 제품을 출시하려는 마케팅 전략이 식품업계의 큰 분위기이다.

　국내 식품시장도 이제 본격적인 프리미엄급 제품 시대로 진입하고 있다. 브랜드 명품 선호의 층이 두터워지고 있는 데다 건강 열풍 현상이 식품 업계에도 큰 영향을 주고 있는 것이다.

　식품업계는 한 차원 높은 맛과 품질의 제품을 선호하는 소비 계층을 타깃으로 프리미엄 제품 개발과 마케팅 전략 수립에 치중하여 시장 고급화의 프리미엄급 제품 전성시대를 열어나가고 있다.

　프리미엄급 제품 시장이 계속 성장하기 위해서는 무엇보다 품질의 진정한 업그레이드가 생명이다. 우수한 품질력과 고기능성으로 인정받는 제대로 된 프리미엄급 제품을 만들어야 한다. 분명하게 프리미엄급 제품들이 상대적으로 고부가가치를 창출한다는 점에서는 매력적인 시장이다. 그러나 소비자들의 높은 기대치를 충족시키지 못할 경우 시장에서 외면당하거나 제품시장 전체에 대한 신뢰성 저하로 이어질 수도 있다.

　프리미엄급 제품 시장에서의 성공 여부는 과학적으로 효능이 입증된 기능성 제품이나 고급 원재료를 사용한 고품질 제품을 개발할 수 있는 연구개발 능력과 소비자의 취향을 읽어내고 적절하게 공략할 수 있는 마케팅 역량에 의해 좌우될 것이 분명하다.

02. 시식 마케팅에 대하여

　　　　　　음식의 맛을 직접 느끼도록 맛의 체험을 선물하라는 것이다. 시식 마케팅이란 단순히 음식만 공짜로 준다는 식으로는 시식 마케팅의 효과가 적다. 먹거리는 파는 게 아니라 추억이 될 수 있는 체험까지 함께 제공함으로써 브랜드가 소비자 머릿속에서 오랫동안 남아 있게 하는 것이 시식 마케팅 전략이다.

　미국에서는 이미 90년대 말부터 체험 마케팅이 체계화되기 시작해 효과가 어느 정도 인정되었으며 지금은 정착단계에 이르렀다. 체험 마케팅은 소비자에게 브랜드와 제품 인지도를 높이는 효과를 가지고 있어 국내에서의 활용도도 더욱 높아질 전망이다. 특히 최근에는 조그만 식당에서도 시식 마케팅을 시도하고 있다. 시식 마케팅이 가장 인기를 모으는 시기는 매장 오픈 시점이다.

　치킨 전문점 등 배달 음식점은 오픈 초기 시식회를 얼마나 하느냐가 향후 매출예측과 초기 소비자 확보에 큰 영향을 끼친다. 일반 음식점에서도 시식 마케팅을 위해 오픈 첫날은 무료 시식권을 배포하기도 한다. 어떤 업체는 요일별로 1천 원, 2천 원, 3천 원 하는 식으로 가격 차별화 전략을 활용하여 초기 고객을 확보하기도 한다.

고객이 소비를 하지 않는 이유는 경기 불황이나 경제적인 이유 외에 해당 제품에 대한 불신, 의구심 등도 작용을 하는데 시식 마케팅은 견물생심의 욕구 자극을 통해 이런 장애를 건너뛸 수 있도록 한다는 점에서 효과적이다. 또 제품에 대한 설명이 많이 필요 없으며, 충동구매 효과도 높은 편이다. 대형 할인점 등의 식품판매 코너에서 시식회를 하면 매출이 껑충 뛰어오르는 것도 시식 마케팅의 효과다.

03. 집중 마케팅전략에 대하여

집중마케팅이란 단 하나의 세분 시장만을 표적으로 삼아서 마케팅믹스를 개발하는 것을 말한다. 집중마케팅은 단 하나의 시장에 집중함으로써 표적 시장을 전문화할 수 있다는 장점과 비용이 적게 든다는 장점이 있으나, 시장의 불확실성에서 오는 위험이 크다는 단점도 있다.

시장 세분화의 기준은 크게 4가지로 나눌 수 있다. 크게 고객특성변수와 고객행동변수로 나눌 수 있으며, 고객특성변수에는 지리적 세분화, 인구통계적 세분화, 심리적 세분화가 있고, 고객행동변수에는 행동적 세분화로 구분할 수 있다. 시장을 세분화한 후에 표적시장을 선정했으면, 그에 맞는 마케팅믹스를 선택해야 한다. 마케팅믹스란 마케팅의 기본적 요소인 4P(제품, 가격, 유통, 홍보)를 전략적, 전술적 조화를 이루면서 선택해나가는 일로써 선택한 결과에 모든 마케팅 노력을 하나의 표적시장에 집중함으로써 고객의 욕구와 성격을 정밀하게 분석할 수 있다. 따라서 최적의 마케팅 믹스를 개발해 낼 수 있다. 또한 비용이 많이 들지 않는 장점까지 있다. 자원이 제약된 매장에서 집중 마케팅을 하는 이유는 이 때문이다.

04. 먹자골목 마케팅에 대하여

"장사는 장사꾼 속에서 하라."라는 옛말이 있듯이 그곳에 가면 먹을 것이 풍부하다는 인상을 심어준다는 것은 고정적 매출을 기대하는 마케팅이다. 여러 가지 음식점들이 모여 있는 곳을 우리들은 먹자골목이라 한다.

각 지방에서는 그 지역의 특산물을 이용하여 먹자골목 형성에 적극적으로 나서고 있다. 그러다 보니 전국에는 다양한 먹자골목이 형성되어 있다. 이런 지역 특산물 먹거리 마케팅은 해당 관공서의 도움 받을 수도 있다. 그것은 지역 경제를 살리고 음식으로 지역을 알리는 홍보사절이기 때문이다.

특화된 먹거리를 한 곳으로 몰아 전국의 많은 사람들이 지역명을 대면 음식을 떠올릴 수 있도록 하는 먹거리 마케팅은 저변확대되어가고 있는 추세이다. 지역명은 몰라도 음식명을 대면 동네 이름이 떠오르는 것이 많다. 그만큼 먹거리는 먹자골목으로 구성되어 공동 마케팅을 할 때 다른 곳보다 우위를 점한다고 볼 수 있다.

먹자골목 형성은 자치단체가 권장하여 도와주는 것도 있지만, 자연적으로 형성되는 경우도 많다. 먹자골목의 창업은 그런 면에서 안정적 사업기반이 된다고 볼 수가 있다. 먹자골목의 공동 마

케팅은 한 지역에 국한하지 않고 전국을 상대할 수 있다는 장점이
있다.

먹거리 장사는 단골을 잡고 입소문 나야 성공한다. 요리 솜씨가 좋은 편인 주부는 반찬 전문점이 최고다.

요리에 자신이 없거나 요리시간에 쫓기는 맞벌이 주부는 밑반찬을 손쉽게 구할 수 있는 반찬전문점을 자주 찾게 돼 사업 전망은 밝은 편이다.

반찬매장는 반찬의 맛과 위생이 가장 중요하다. 입지는 신혼부부나 자녀가 어린 맞벌이 부부가 많이 거주하는 20~30평형대 아파트 단지 내 상가가 대형아파트 단지보다 상대적으로 매출액이 높다. 최근들어 밀키트 반찬시장이 급속히 커지면서 대형 백화점까지 밀키트 시장에 뛰어들어 프랜차이즈화 되는 추세다.

최근 들어 밀키트 시장이 급속도로 커져, 현재 반찬 시장은 2조 원에 달할 정도로 성장했다. 반찬 종류도 김치류 등 기본 밑반찬부터 게장 같은 별미 밑반찬류 등 약 1백여 가지나 된다. 젓갈, 절임, 조림류는 프랜차이즈 본사에서 제공하기도 하고 매장에서 즉석에서 만들어 팔기도 한다. 창업 후에는 단골손님을 통한 구전 홍보가 중요하다. 가령 '그 집 음식 재료는 신선하더라.'라든지 '주인의 음식 손맛이 좋더라.'라는 소문이 돌면 반찬전문점으로써는 일단 성공했다고 보면 된다. 또 손님들이 주문한 반찬을 정성 들여 만들도록 하는 것이 중요하다.

인터넷을 활용해 장보기 대행업을 복합적으로 하는 것도 사업전략이 될 수 있다. 사람을 일일이 연결하여야 하는 입소문보다는 인터넷을 통해 불특정 다수에게 입소문 마케팅을 하는 것도 적극 활용해봄이 좋을 것 같다.

직장을 그만두고 창업에 뛰어드는 사람이 늘어나면서 프랜차이즈 시대가 활짝 열리고 있다. 관련 법률이 만들어지는 등 사업 환경도 개선되고 있다. 공정거래위원회에 따르면 국내 외식업종 프랜차이즈 현황 리스트에서 업체 수는 4,900여 개(2020년 7월 기준)에 달한다. 업종별로는 한식이 1,531개로 가장 많이 차지하고 있으며, 치킨, 카페, 고깃집 등 거의 전 업종에 걸쳐 확장세를 타고 있다. 사업이 성공하기 위해서는 신규 고객 증가도 중요하지만, 한 번 들른 고객이 자주 매장을 찾도록 해주는 게 중요하다.

　기존 고객의 재방문율을 높이는 전략은 제품과 서비스 향상에 주력하는 것이다. 아무리 고객에게 잘해줘도 마음에 들지 않는 제품을 판매하는 매장은 다시 가기가 어렵다. 따라서 기존 고객의 재방문율이 낮다면 먼저 우리 매장에 어떤 문제가 있는지를 파악하고 개선책을 찾아내야 한다.

　판매제품이 정말 고객이 원하는 것인가 또는 고객에게 편리하게 제품 분류가 잘 돼 있는가, 아울러 품질은 좋은가에 대해서도 생각해야 한다. 또한, 제품가격은 적정한가와 고객만족 서비스는 제대로 이뤄지고 있는가를 점검해야 하며, 매장이 청결하고 정리정돈이 잘 돼 있는가 등을 점검해야 한다.

고객과 인간적인 친밀도를 높이는 것은 먹거리 사업에 아주 중요한 포인트다. 이는 사장이나 직원의 제품에 대한 전문성과 인간적인 매력도에 의해 많이 좌우된다. 하지만 이런 막연한 말로는 구체적인 실천이 어렵다. 고객들을 회원으로 하는 동아리를 만들 수도 있고, 작은 강좌를 가질 수도 있다. 고객의 이름을 외우는 것 역시 더 말할 것 없이 좋은 방법이다.

고객에게 세 번 이상 친근한 말을 건다거나 반드시 불편했던 점을 물어본다. 식사 후 또는 계산할 때 만족도를 물어본다. 늘 웃는 얼굴을 한다. 절대로 화내지 않는다. 작은 것을 사는 손님에게도 친절하게 대하는 것과 같이 구체적인 행동 지표를 정하는 게 좋다.

단골 고객을 우대하는 전략을 세워야 한다. 마일리지 포인트 적립 서비스가 대표적이다. 가끔 마일리지만 적립하게 하고 사은품을 주지 않는 매장도 있다. 고객들이 자신의 마일리지가 적립되는 것을 알게 하고 작은 것이라도 사은품을 선택할 수 있도록 유도하는 것이 좋다.

이 밖에 우수 고객이 대접받고 있다는 느낌을 주는 일도 중요하다. 우수 고객일수록 사장이나 직원들이 그 사실을 알고 대우해 주기를 은근히 바라기 때문이다.

07. 군중심리 마케팅에 대하여

사람들의 심리 속에는 응종의 원리가 있다. 응종의 원리는 남의 요청을 잘 따르고 싶어 하는 기본적인 심성을 사람들은 갖고 있다는 심리학적 용어다. 마케팅에서도 이런 응종의 원리를 이용한 기법들이 우리들이 알게 모르게 많이 침투한 것을 볼 수 있다.

하루에 세 번 양치질하라는 치과의사의 추천으로 인해 칫솔과 치약 회사는 판매를 늘렸으며, 소주 회사도 소주의 첫 잔은 '고수레해야 한다.'라는 풍습을 은근히 선전해 많은 소비를 촉진하는 데 노력한 게 사실이다. 그리고 소주회사는 한때 두꺼비눈을 따고 마셔야 술이 안 취한다는 묘한 마케팅 전술을 입소문으로 퍼트려 히트시키기도 했다.

술은 홀수로 마셔야 한다고 하면서 은근히 두 사람이 소주 세 병 이상을 마시며 폭주를 부추기게 한 것 등은 따지고 보면 사람의 심리에서 응종의 심리를 유도한 심리 마케팅 기법이다. 이런 것들은 모두 입소문을 통해 하나의 음주문화로 자리 잡고 새로운 제품 판매의 도구로 사용되기도 한 것이다.

"사람의 심리 속에 돈 버는 비결이 숨어 있다."라는 구절이 우리에게 시사하는 것은 세분화·다양화되어 가는 소비자의 욕구를 파고드는 심리 마케팅의 중요성을 느끼게 하는 것이다. 사람들은 남이 하는 것을 자기가 하지 않는 것은 시대에 뒤떨어진다고 생각하는 군중심리가 있다.

08. 연예인 마케팅에 대하여

　　유명 연예인들을 앞세운 음식점 프랜차이즈 사업이 늘어나고 있다. 프랜차이즈 업종도 김밥, 삼겹살, 자장면, 피자 등 다양하다. 유명 연예인들은 대중들에게 인지도가 높기 때문에 이들의 이름을 걸고 시작하는 프랜차이즈 사업은 초기에 비교적 쉽게 고객들을 확보할 수 있는 장점이 있다. 이 때문에 사업을 처음 시작하는 사람들은 유명 연예인들을 앞세운 프랜차이즈 가맹점을 선호하는 경향이 있다.

　　그러나 연예인들의 이름을 빌린 음식점 프랜차이즈의 좋은 점과 나쁜 점을 이야기해보겠다. 연예인들이 홍보하는 프랜차이즈의 경우 연예인의 역할은 홍보에 그치는 경우도 있다.

　　실제로 사업을 하는 사람은 따로 있다는 얘기다. 심지어 사업의 내용을 모르거나 매장에 한 번도 나타나지 않고 이름말 빌려주는 경우도 있다. 일부 프랜차이즈 본사 중에는 연예인들이 사업에 깊이 관여했음을 보여주기 위해 연예인에게 지분 10% 정도를 공로주(功勞株)란 이름으로 주는 곳도 있으나, 이런 경우에도 연예인의 역할은 대부분 홍보에만 국한된다.

　　또 전문 지식이 부족한 것도 문제다. 연예인으로는 성공했더라도 음식점 운영에서는 10년 이상 맛과 손님들을 연구해 온 주방장과 식당 지배인의 노하우를 따라잡기 어렵다. 이 때문에 처음 한두 번 호기심에 찾아오면 손님들도 맛이나 서비스가 부족하면 발길을 돌린다. 특히 연예인이 방송출연 등으로 사업에 전념하지 못하는 경우 전문 지식을 쌓기는 더욱 힘들다. 이와 함께 연예인 창업자 중 상당수가 사업에 실패하더라도 언제든지 방송으로 돌아갈 수 있기 때문에 사업에 반드시 성공해야 한다는 절박함이 부족하다는 지적도 있다.

먹거리 창업으로 성공한 스타들의 비결은 유명한 연예인이라 할지라도 우선 매장을 지키는 일부터 시작한다. 유명 연예인의 이름을 내건 프랜차이즈 가맹점에 가입할 때에는 연예인이 얼마나 적극적으로 사업에 가담하고 있는지 꼼꼼히 따져볼 필요가 있다.

우선 연예인이 매장 1곳을 독립적으로 운영해 성공했는지를 확인할 필요가 있다. 대중 스타가 아닌 사업가로서 성공 경험이 있어야 한다는 점이다. 또 음식을 만드는 방법과 음식에 대한 고객 불만이 들어왔을 때 대처방안이나 실내장식과 간판 설치법 등 매장 위치에 따른 마케팅, 홍보전략 등을 자세히 적은 매뉴얼이 있는지도 살펴볼 필요가 있다. 연예인이 프랜차이즈 본사에 대해 적어도 50% 이상 지분을 갖고 있어야 책임감을 갖고 일을 한다고 본다.

09. 영업 전략 마케팅에 대하여

　　　　　　　새로운 영업 전략을 세워야 한다. 어느 매
장은 특이한 영업 전략 세트 메뉴가 있다. 모둠 안주나 아무거나와
같은 메뉴로 일정 금액으로 여러 안주를 주문해서 먹을 수 있게
하는 것은 다른 음식점과 같다.

　하지만 한꺼번에 4가지의 메뉴를 제공하는 것이 아니라 제공한
하나의 메뉴를 손님이 다 먹었을 경우 다음 안주가 나온다. 다른
음식점과 다른 점은 손님이 주문한 것을 먹다 미처 다 먹지 못하고
간 다음 메뉴를 쿠폰에 표시하고, 다음에 오면 그냥 제공한다는
점이다. 미리 계산된 메뉴이기 때문이다.

　마치 양주를 먹다 남았을 경우 맡기고 다음에 먹는 것과 같은 방
법이다. 이러한 영업 전략은 손님들에게 화제거리가 되었고, 이를
통해 자연스레 매장이 홍보되었다. 또한, 손님의 입장에서는 이미
계산한 음식이 있어 다시 찾으려 하고 찾아도 술값에 대한 부담을
덜 느낀다. 사장의 입장에서는 남은 안주를 통하여 다른 곳에 갈
손님과의 연결고리를 확보할 수 있어 좋다.

　생각해볼 만한 영업 전략이며, 홍보 전략이다. 영업 전략은 얼마
든지 업주가 아이디어를 개발할 수가 있다.

고객의 눈길을 유도하기 위해 이름을 간판에 걸었는데 반응이 매우 좋은 경우가 있다. 예를 들어, ○○○ 통돼지구이, ○○○ 김밥집 등 연예인들이 체인점을 창업하면서 이름을 상호로 내거는 네임 마케팅이 일반 창업자들 사이에 급속도로 확산되고 있다.

음식을 전문으로 하는 전문점도 이름 덕분에 인지도를 높이고 있으며, 가구점도 창업자가 이름을 간판에 넣어 고객들의 눈길을 끌고 있다. 의사들이 의원을 개원할 때 자신의 이름을 넣은 경우는 흔하지만, 약사가 창업 시 이름을 사용하는 경우는 드물다.

요즘 젊은 약사들이 개업 시 자신의 이름을 상호로 사용하는 경우가 많으며 이는 특별한 이유는 없고 튀어보려고 이름을 내걸었는데 의외로 고객들이 신뢰를 가지며 반응이 좋다고 한다. 이는 이름을 보고 매장에 들어가게 된 후 제품과 서비스가 좋다면, 고객들이 신뢰를 가지고 이용하는 경우로 점차 확산될 것이다.

그러나 주의점은 실속이 없다면 다시 찾지 않을 수 있기 때문에 결코 네임 마케팅이 무조건 좋은 것만은 아니라는 것도 명심해야 한다.

11. 무매장 마케팅에 대하여

　　　　　　홍보를 최대한 활용하여 소자본, 무매장으로 창업의 꿈을 이룰 수도 있다. 무매장 또는 배달업종을 중심으로 하는 맨손창업이 다시 인기를 끌고 있다.

과거 금융위기인 IMF 사태 때 큰 인기를 끌었던 맨손창업 아이템이 현재 코로나 위기로 새롭게 부상한 것은 예비 창업자들이 사업 리스크가 덜한 소자본 창업을 선호하기 때문이다.

맨손창업 아이템은 사무실이 없어도 자택에서 근무하거나 스마트폰으로 충분히 가능한 사업을 말한다. 맨손창업 아이템은 대개 100~500만 원 정도의 소액자금으로 시작할 수 있는 사업이다. 특별한 기술이나 경력을 필요로 하지 않아 초보자가 부담 없이 시작할 수 있다는 것도 장점이다. 맨손창업 아이템으로 성공하기 위해서는 창업 초기에 소자본으로 일정 수익을 올릴 수 있는 업종을 찾는 것이 중요하다.

무매장 사업은 비싼 권리금이나 시설비 등을 들이지 않고도 위험 부담 없이 사업을 시작할 수 있다. 특히 인터넷을 활용해서 매장형 사업 못지않게 고수익을 올리고 있는 무매장 사업자들도 늘어나는 추세이다. 높은 인구밀도와 아파트 등 집단주거형태가 늘어나면서 소자본 창업시장에서는 배달영업의 천국이라는 말이 생겨날 정도다.

최근에는 피자, 치킨 등 패스트푸드 중심이었던 배달업종이 김치, 식재료 등으로 사업영역을 확대해 나가는 양상을 보이고 있다. 요즘은 커피나 음료, 빵 등도 간단하게 배달로 시켜먹어 배달전문 카페도 많이 생겨나고 있다.

12. 주부 마케팅에 대하여

먹거리 장사는 주부를 잡아야 성공한다. 저렴한 가격과 푸짐한 상차림으로 주부층을 공략해야 한다. 최근 소비생활의 주체는 단연 여성이다. 그 중에서도 주부 즉 아줌마의 파워는 가공할 만한 위력을 갖고 있다. 흔히 수다로 통칭되는 아줌마들의 입소문은 꼬리에 꼬리를 물고 피라미드처럼 일파만파 전해져 커다란 영향력을 행사한다.

'어디에 있는 음식점은 맛도 좋고 서비스도 좋더라.', '그 음식이 건강에 좋으니 먹어봐라.', '그 음식을 먹었더니 미용에 효과가 정말 좋더라.' 등 주부들 사이에서 떠도는 얘기들은 말 그대로 돈 들지 않는 광고가 된다. 반면 일산에 있는 모 냉면집은 주부들로부터 불친절하다는 소문이 돌아 결국 문을 닫는 지경까지 이르렀을 정도로 주부들의 한마디로 매장의 흥망성쇠가 좌우되기도 한다.

이에 따라 최근 한정식 식당에서는 주부들을 잡기 위해 문턱 낮추기 전략에 한창이다. 흔히 한정식 하면 가격이 비싸지만, 음식은 감질나게 조금 나오는 곳이라는 생각에 일부 계층만이 주로 찾았다. 이에 따라 많은 한정식 식당에서는 매출 향상을 위해 1만 원 전후의 저렴한 가격에 다양한 음식을 푸짐하게 차려내는 한상차림을 통해 주부들의 발길을 붙잡고 있다.

분당이나 일산 그리고 서울의 강남지역 등 주부들의 모임이 많은 주거 밀집지역에 소재한 매장에서 주로 선보이고 있는 이러한 상차림은 된장찌개나 청국장, 그리고 생선구이, 불고기, 잡채, 구이, 조림과 10~20여 가지의 찬들로 구성되는데, 매일 먹는, 색다를 것 없는 음식이지만 오히려 누구나 부담 없이 먹을 수 있는, 익숙한 음식이라는 메리트가 강하게 부각되고 있다.

또한, 집에서 해 먹기에는 손이 많이 가고 번거롭다는 것도 이러한 음식점을 찾는 이유 중의 하나로 꼽히고 있다. 이에 따라 크고 작은 모임 시에는 의례적으로 1만 원대의 메뉴를 갖추고 있는 한정식 식당을 찾는 주부들이 늘고 있는 것이다. 오히려 누구나 부담 없이 먹을 수 있는, 익숙한 음식이라는 메리트가 강하게 부각되고 있다.

이들 한정식 식당들이 타깃으로 하는 주부층은 어린 아이를 데리고 다녀야 하는 젊은 층보다는 아이들을 학교에 보내고 자유로운 낮 시간을 즐길 수 있는 중·장년층이다. 이들은 한가한 낮 시간대를 이용해 삼삼오오 무리를 지어 먹거리를 찾아다니며, 특히 개인 차량이 많은 요즘에는 거리와 상관없이 소문이 난 곳이면 차량을 이용해 어디든 찾아가곤 한다.

13. 서비스 마케팅에 대하여

　　　　　최고의 서비스가 단골을 만든다. 어느 잘 되는 식당의 서비스를 소개하겠다. 그 식당은 문에 들어서자마자 북적거리는 손님과 친절하게 맞이하는 아르바이트생들의 밝은 미소에서 생기가 넘쳐 나고 있음을 직감할 수 있었다. 또한, 손님맞이도 독특했다. 다른 음식점들은 고정 멤버가 서빙을 맡는 것이 원칙이나, 이 집은 사장을 비롯한 손님맞이 점원들이 번갈아 원탁을 돌며 서빙을 한다. 잠시도 쉬지 않고 손님에게 이야기를 들려주고 허리를 조아리며 손님들을 즐겁게 해주기 위해 마치 무대 위의 배우처럼 각자의 역할을 해내고 있었다.

　사업의 성패는 사장과 직원이 하기에 달렸다. 성공을 위해서는 사장과 직원이 우선 고객에게 감사하는 마음을 가져야 하고 한 번 온 고객을 다시 오게 하는 방법만 찾는다면 어떤 사업이든지 성공한다. 스스로 문지기라고 자칭할 정도로 낮은 자세로 임하는데 기분 나빠할 고객이 어디 있겠는가? 고객의 입장에서 보면 똑같은 비용을 지불하고 최상의 서비스를 받는다면 그 매장의 단골이 될 수밖에 없다. 사업 성공의 포인트는 프로정신이다.

　아마추어와 프로는 분명 다르다. 아마추어가 샐러리맨이라면 사장은 프로다. 프로는 싸워서 반드시 이겨야 한다. 2등은 프로가 될 수 없다. 스스로 배수의 진을 치고 죽기 살기로 덤벼들면 방법은 있다. 무한 경쟁의 시대에 살아남기 위한 유일한 방법은 최후의 승리자가 되는 일이다.

서비스를 제대로 하려면 사장은 영화 연출 감독이 되어야 한다. 먹거리의 서비스 연출은 독특한 인테리어일 수도 있고 직원들의 특색 있는 복장일 수도 있고 서비스일 수도 있다. 이런 무대 연출은 훈련과 교육 없이는 불가능하다. 직원이 몇 명 안 되는 음식점에서도 아침, 저녁 지속적이고 정례적인 서비스 훈련과 교육은 꼭 필요하다.

14. 매스컴 마케팅에 대하여

　　　　　　언론 홍보기회를 잡아라. 음식점을 경영하면서 언론에 기사화되는 기회를 잡기란 무척 힘들다. 맛이 뛰어나거나 특색 있는 운영 노하우, 아름다운 인테리어 등 무엇인가 남다름이 있어야 가능하다.

　이러한 점들이 있다 해도 무조건 언론홍보의 기회가 주어지는 것만도 아니다. 음식점을 운영하는 당사자가 언론에 적극적으로 홍보해야 하지만, 언론 홍보가 쉬운 일이 아닌 만큼 엄두를 못내는 것이 현실이다.

　요즘은 외식업 전문 사이트들이 많이 생겨나서 사이트에 음식점 등록을 할 경우 홍보를 전담으로 하는 인력이 있어 음식점의 특징을 살려 언론홍보의 기회를 제공하고 있다. 사실 언론홍보의 기회가 사이트에 등록하는 모든 음식점에게 주어지는 것은 아니다. 시대에 따라 인기 있는 새로운 아이템을 지니고 있는 음식점이나 독특한 영업 노하우를 가지고 있다거나, 맛이 뛰어나거나 또는 인테리어가 아름답거나 특색이 있는 경우에 언론홍보의 기회가 더 주어진다.

　따라서 언론홍보의 기회는 홍보를 담당하고 있는 사람과 음식점 사장님의 합작품이라 할 수 있다. 또한, 광고를 내는 조건으로 기사화도 가능한 매스컴 마케팅도 활용해 볼만하다. 기사를 실어주는 조건으로 광고를 내는 것으로 자본금이 많이 들어간 매장은 적극 활용해 볼만하다.

15. 시즌 마케팅에 대하여

시즌 마케팅이란 장사가 잘되는 먹거리 식당의 사장의 판촉 수첩을 공개한다면 이해가 가리라 생각된다.

1월	신정, 소한	신정 연휴 – 입지에 따라 사전홍보(현수막/POP)로 연휴 기간 영업 활성화를 기대할 수 있음 – 떡국/만두국/찹쌀옹심이/수제비 등 특선 메뉴화 – 겨울방학 어린이를 위한 세트메뉴 – 새해특별 서비스
2월	설날, 정월 대보름, 발렌타인, 졸업	설날 연휴 기간 영업 활성화 계획 – 부럼 판매 – 젊은 고객층 대상으로 발렌타인데이 행사(초콜릿 제공/러브레터 달린 사랑의 초콜릿 선물) 졸업축하 이벤트
3월	삼일절, 경칩, 입학 시즌, 화이트데이	화이트데이 행사 – 입학 축하(이벤트/사은품/(도서상품권/문구류 등)
4월	한식, 식목일, 장애자의 날	식목일에 따른 지역행사에 협찬 또는 동참 – 본격적인 홍보계획에 적절한 시기(전단지/리플렛 외) – 체육대회 소풍을 위한 딜리버리
5월	어린이날, 어버이날, 석가탄신일, 스승의 날, 성년 날	가정의 달 – 판촉활동 및 프로모션의 활성화 – 어린이날 특선 메뉴/기념품 증정 – 가족 단위 세트메뉴(패밀리세트/홈세트 등) – 카네이션 달아드리기 홍보 – 장미꽃 증정/샴페인 – 단체모임 장소제공(사은회)

6 월	환경의 날, 현충일, 6.25	폐유 등 이용한 비누제작 증정 – 국가유공자 초청행사
7 월	제헌절, 초복, 중복	방학시즌 특별판촉 – 아이스크림/빙수/식혜/수정과/디저트 제공 – 건강 내용 반짝 메뉴 실시(사전 홍보)
8 월	입추, 광복절, 말복	방학시즌 특별판촉 – 말복 – 치킨 판매 강화
9 월	추석, 개학	추석 연휴 판매강화 – 개학시즌 특별판촉(주부/학교 대상)
10 월	국군의 날, 개천절, 한글날	가을 특선 메뉴 실시
11 월	입동	입시생을 위한 특선 메뉴(건강식) 판촉 – 겨울 이벤트 홍보
12 월	동지, 성탄절, 연말, 입시철	연말축제 분위기 고조(실내장식/특선메뉴실시) – 동짓날 팥죽을 디저트로(인근 상가/사무실에도 제공) – 성탄절 기념 판촉(어린이 대상 기념품 증정) – 송년 사은 행사 집중 판촉(예약접수) – 합격 기원 떡/엿 판매

16. 포인트 마케팅에 대하여

매장의 매출을 향상시키는 방법에는 여러 가지가 있다. 그중 핵심은 서비스의 질이다. 서비스란 고객을 감동시키고 고객을 만족시키는 일이며, 결국 고객을 불편하지 않게 하는 것이 바로 핵심이다. 남보다 다른 뛰어난 맛으로 고객을 만족시키고 편안한 인테리어로 고객을 배려하고 다양한 이벤트 프로모션으로 고객을 즐겁게 하는 이 모든 것이 바로 포괄적인 서비스 마케팅이며, 매출 증대의 실천이다.

매장을 홍보하여 고객의 머릿속에 상호인식을 시키는 일은 사실 어려운 일이 아니다. 수많은 경쟁 속에서 우리 매장의 상호를 각인시키는 일을 대부분 어려워하는데 지나치게 욕심을 부리지 않고 범위를 좁히면 방법은 얼마든지 있다.

단, 범위를 좁히는 데에는 소비의 흐름을 알아야 한다는 전제가 따른다. 소비자들의 지불 수단 변화에 대해 사장들은 민감할 필요가 있다. 단순 카드결제 외에 삼성페이 등 휴대폰 결제, 바코드 결제 등 다양한 지불 방법이 등장하고 있다.

최근 제로페이 등 서울시가 운영하는 결제솔루션과 지역 화폐가 결제수단으로 대세를 이루고 있다. 그러나 이보다도 더욱 중요한 쟁점은 소비로 인한 포인트 적립이란 점이다. 신용카드 회사가 자사 카드를 사용하면 통상 1%를 적립해 되돌려 준다.

대표적인 것이 캐쉬백 카드다. 카드를 쓰면 쓸수록 돈이 쌓인다는 발상은 지불 수단의 변화를 의미한다. 현금으로 지불하는 소비자는 게으르고 재테크를 모르는 사람으로 치부된다. 그러나 위의 포인트 마케팅은 대기업의 주도 아래 각 매장이 참여하는 수준으로 전개된다는 약점이 있다.

각 지역 및 동네에 포진한 상권에는 한정된 고객만을 상대하는 것이 일반적이다. 그런 면에서 볼 때 더욱 강력한 포인트 마케팅을 사용하는 일은 각 매장이 직접 포인트, 마일리지 카드를 만들어 자신만의 고객 확보와 관리에 집중해야 한다는 것이다.

고객을 좁혀야 한다. 강남의 고객을 어떻게 강북으로 끌어들일까 골몰할 필요는 없다. 해당 상권의 로열티 고객만 확보하면 되는 것이다.

그러나 우리 매장만의 보너스 카드를 창출하는 일은 직접적인 마케팅이다. 굳이 신용카드와 함께 사용할 필요도 없다는 장점이 있다. 현금이든 카드든 상품권이든 지불만 해주면 지불금액에 대한 포인트 누적과 경품 제공 등으로 고객을 만족시키게 된다는 점을 인지할 필요가 있다.

가장 대표적으로 포인트 카드를 사용하는 곳이 미용실이다. 하지만 카드 미소지자에겐 포인트가 적립되지 않는 단점도 지니고 있다. 그러나 더더욱 개별 보너스 카드를 만들어야 하는 이유는 각 매장의 포인트 마케팅은 이제 하나도 어색하지 않은 보편적인 마케팅이 되었다는 점에서이다.

남들이 안 하는 것을 해서 이익을 보는 방법과 남들 다 하는 것을 안 해서 피해를 보는 방법 중에서 어느 한쪽의 손을 드는 것은 어리석은 일이라고 생각하지만, 포인트 마케팅의 실천은 불가피하다고 할 수 있다.

요즘은 휴대폰 번호만 입력하면 카드를 가지고 다니지 않아도 쉽게 포인트를 적립할 수 있으므로 단골고객 유치를 위해 쉽게 접목해볼 만하다.

대신 포인트 카드에도 품격을 입히는 전략이 요구된다. 특징 없고 모양새가 나지 않는 단순 카드는 소지자가 오랜 애착을 갖지 않지만 산뜻하고 디자인이 예쁜 카드는 오래도록 지갑에 보관하여 카드를 발급해 준 매장을 기억한다. 카드 디자인에 지불되는 비용이 따로 있는 것이 아니기 때문에 기왕 제작사를 선정할 때는 실제 제작한 카드 디자인의 수준을 참고하는 것도 업체 선별의 요령이다. 지갑에 카드가 많다는 것은 그만큼 사회 활동이 왕성함을 의미하고 재테크와 절약에 남다른 센스 있는 사람으로 이해된다.

17. 개업 마케팅에 대하여

소규모로 창업을 한다면 적은 비용으로 최대의 홍보를 할 수 있는 방법을 찾아야 한다. 자금이 여유가 있어도 홍보회사에 의뢰하는 것보다는 사장이 직접 하는 것이 효과를 높일 수 있다.

음식점은 음식의 맛을 보고 오기도 하지만 사장을 보고 오는 특성이 있기 때문이다. 잔칫집이 그렇듯 손님으로 북적거려야 흥이 나듯이 개업하는 날 손님이 많아야 함은 당연한 일이다. 음식점의 첫인상이기에 그 자체로 홍보 역할을 하기 때문이다.

요즘 시대에 SNS마케팅은 필수이다. 매장 자체적인 SNS 계정을 만들고 꾸준히 소통해야 한다.

손님의 인식을 변화시킬 수 있는 홍보를 하라.

맛이나 분위기는 미세한 차이로 좋고 나쁨으로 구별된다. 사람에 따라 선호하는 것이 다르기 마련인데, 손님이 어떻게 생각하느냐에 따라 좋지 않던 곳이 좋게 느껴지기도 한다.

또한, 매장 운영에 있어 계획성을 가지게 한다는 점이다. 홍보의 중요성이나 필요성은 모두가 알고 있지만, 비용에 대한 부담으로 망설이게 된다. 장사가 안되는 상황에서 홍보를 위해 비용을 지출

한다는 것은 결코 쉬운 일은 아니다. 창업을 하는 시점이라면 지속적인 홍보를 위해 비용을 책정해 놓는 것도 하나의 방법이다. 하지만 매장을 운영하고 있는 상황이고 비용에 부담을 가지고 있다면 3개월이면 3개월 계획을 세워 비용을 만들어가는 것도 하나의 방법이 될 것이다.

18. 원조 마케팅에 대하여

　　　　　　　음식점 차별화에 조금만 앞서도 홍보 효과
는 크다. 보통 사람은 새로운 음식을 맛보기 위해 모험하지 않는
다. 내 몸에 직결되는 것이므로 더욱 그렇다. 그만큼 사람들의 음
식에 대한 생각은 보수적이다. 입맛은 쉽게 만들어지지 않는 탓에
낯선 음식을 선뜻선뜻 즐기지 않는다. 따라서 음식의 차별화는 고
객의 입맛에 맞춰 반 발짝만 앞서가야 한다. 아무리 젊은 감각의
MZ세대일지라도 젖먹이 시절부터 맛보던 우리 음식의 맛에 길들
어 있는 것은 사실이다.

　원조라는 소리를 들으면 확실한 홍보 효과가 있고, 그냥 광고했
을 때보다는 낫다. 하지만 원조라 하고 원조답지 못하면 그것은 사
기에 가까운 마케팅이다. 요즘은 원조의 난립으로 어떤 음식점이
원조인지 구분이 안 갈 정도이다. 그만치 원조라는 말에 많은 먹거
리 마니아들은 식상해 있다.

　하지만 그래도 원조라 하면 의구심을 가지면 들어가 본다. 만약
기대 이상의 만족을 느낀다면 진짜 원조보다도 더 손님을 끌을 수
있다. 그때는 원조가 바뀌는 거다. 그 순간 그 매장은 명성과 함께
떼돈을 긁어모을 수 있는 기회가 되기도 한다. 원조 마케팅은 원조

답게 맛의 대변인 격이 되어야 한다.

되는 장사는 이름부터 남달라야 성공한다. 날로 경쟁이 치열해지고 있는 창업시장에서 핵심전술은 마케팅이다. 마케팅의 기본은 브랜드라고 할 수 있는데, 개성 있는 상호에 제품의 특성을 살린 이름을 짓는 것이 매장의 첫인상을 좌우하기 때문에 이름을 정하는 데 중요점을 두어야 한다. 회전율을 높여 단일메뉴로 승부하거나 성장기에 있는 아이템의 경우 아예 메뉴를 간판에 올리는 것이 좋다.

스파게티 전문점이라면 원재료인 토마토소스가 강조되어야 하고 바닷가재 전문점이라면 고급스런 이미지와 함께 가재 요리 전문점임을 부각해야 한다. 일반 음식점도 구체적인 메뉴를 브랜드 네임으로 선정하면 시선을 끌 수 있다.

유명한 주방장의 이름을 활용하면 맛에 관해서는 전문적인 인상을 깊이 준다. ○○○ 피자, ○○○ 베이커리 등 유명 주방장의 이름을 쓰면 신뢰도가 높아진다. 또, 제주본가 솥뚜껑 삼겹살이나 마산 오동동 아구할매집 등과 같이 원산지명을 활용하면 원조의 이미지를 심어줄 수 있다.

또한, 10대와 20대를 공략하기 위해서는 차별화한 이미지를 강조하는 것이 좋다. 호프나 레스토랑 등 인테리어가 중요한 업종이 여기 해당한다. 독특한 내부를 강조해 상호만 보아도 안의 인테리어가 어떤지 알게 하는 것도 좋은 방법이다.

또한, 재미있는 이름을 활용하는 것도 괜찮은 방법이다. 한 번만 들으면 쉽게 잊어버릴 수 없다는 큰 장점이 있다. 날아가는 돈가스, 날로 먹고 알로 먹고 등 이름만 들어도 무엇을 파는지 아는 상호는 다양한 홍보수단 이상의 효과를 볼 수도 있다.

똑같은 외부적인 상황 속에서도 장사를 잘하는 음식점들이 많이 있다. 이런 음식점들은 다른 경쟁 매장과는 차별화된 무엇인가가 있음을 알 수가 있다. 효과적인 전략과 방법을 사용하면 매출 효과가 크다. 이제는 음식점의 홍보, 판촉도 단순히 생각해서는 안 되고, 체계적이고 전략적으로 해야 효과를 얻을 수가 있다.

첫 번째 단계는 매장의 개점을 처음 알리는 단계이다.

예로, 커다란 오렌지에 스티커를 부착해서 사람들에게 전단지와 함께 뿌린다. 너도나도 오렌지 받기 위해 줄을 서고 오렌지 500개를 배포하여 딱 하루 만에 개점을 확실히 알릴 수 있다.

두 번째 단계는 알고 나서 와서 먹어보게 하는 단계이다.

알리는 것에서 한 발 나아가 일단 와서 먹어보게 하는 무료 시식권을 함께 뿌린다. 무료 시식권을 통해 일단 와서 먹어 볼 수 있게 한 후, 낯선 음식점의 문턱을 부담 없이 넘게 만든 것이다. 개점 초기의 무료 시식권은 결코 손해가 아니다. 첫 1개월까지는 손해 본다는 심정으로 많이 뿌리면 뿌릴수록 좋다. 그리고 무료 시식권은 음식의 아이템이나 상권의 특성에 맞게 만들어 배포한다.

세 번째 단계는 한 번 온 사람을 다시 오게 하는 것이다.

다시 오게 하는 요소는 음식 맛이나 서비스 요인이기는 하다. 그러나 다시 오게 하고 자주 찾아오도록 명함 응모 행사를 열어본다. 계산대 앞의 응모함에 넣어진 명함을 월말에 추첨, 무료 시식권과 경품을 주는 것이다. 자주 올수록 즉, 단골이 될수록 당첨 기회는 더욱 높아지는 행사인 것이다. 이런 홍보판촉 전략의 차별화로 음식점이 안정적으로 운영되는 계기를 효과적으로 만들어 줄 수 있다.

21. 유튜버 등 소셜 마케팅에 대하여

SNS를 활용한 홍보는 선택이 아니라 필수가 된 지 오래다. 그중 유튜브는 요즘 급상승하고 있는 핵심 홍보 수단이다. 인터넷이라는 것이 사람들의 생활과 떨어지려야 떨어질 수 없는 관계가 되었기 때문이다. 특히 젊은 층에서부터 나이를 불문하고 유튜브의 영향력은 대단하다.

과거에는 인터넷의 동호회인 카페나 파워블로거들이 주도하였다면 지금은 단연코 유튜버가 대세이다. 처음엔 취미로 시작한 유튜브가 차츰 하다 보면 구독자가 늘어나고, 그때부터는 돈을 버는 개인방송국이 된다. 매장의 제품을 유명 유튜버를 통해 소개하는 것은 기존의 어떤 홍보 수단보다 뛰어난 효과를 거두고 있다.

특히 최근 먹방 유튜버들의 방송 영향력은 말할 수 없을 정도로 커졌다. 그러다 보니 유튜버를 통해 소개되면 전국적으로 홍보가 되는 인기 맛집으로 소개가 되어 매출에 엄청난 영향을 주기도 한다.

그러나 최근 외식 창업을 하는 창업자들에게 이런 영향력이 있는 유튜버의 홍보를 기대하기는 어렵다. 그렇다고 포기할 필요는 없다. 유튜브는 누구나 할 수 있고, 돈이 드는 것도 아니다. 지속적으로 자신의 매장을 알리기 위해서는 기존의 소셜네트워크를 활용하여 홍보하면 된다.

지금은 다양한 소셜네트워크가 있다. 인스타그램도 있고, 페이스북도 있고, 카카오톡도 있다. 물론 과거의 인터넷카페도 활용하면 좋다. 창업과 연관된 네트워크들을 찾아보고 카페에 가입하여 적극적인 홍보를 해야 한다. 또한, 파워블로거들에게 제품을 무료로 주고 체험담을 소개하도록 부탁하는가 하면 매장 방문객의 SNS 계정에 매장 이미지를 올려주면 서비스를 주는 등 다양한 방법을 통해 매장을 소개할 수 있다.

외식사업의 기본은 구전 마케팅이다. 아무리 가성비가 좋은 음식이라도 고객들이 모른다면 찾아갈 수가 없다. 인터넷을 통해 세상 사람들에게 홍보하는 것을 무시하고는 성공할 수 없다.

22. 배달전문점의 마케팅에 대하여

　　　　　　유행하는 배달전문점의 성공 포인트는 다음의 네 가지로 요약할 수 있다. 먼저 어떤 업종을 선택할 것인가를 결정한 다음에는 이 다섯 가지를 체크한 뒤 해결할 수 있는 방법을 찾고 시작해야 한다.

첫째는 홍보다.

배달전문점은 손님이 매장의 위치를 알고 찾아오는 것이 아니라 오로지 홍보를 통한 고객의 주문에 의해서 매출이 오르기 때문에 홍보는 철저하게 지속적으로 이루어져야 한다.

다른 비용이 적게 들어가는 대신 홍보에 지속적으로 투자해야 한다. 또한, 매장 로고나 제품 사진 촬영 시 초기에 비용이 많이 들어가더라도 고급스럽게 제작할 필요가 있다. 고객이 일차적으로 그 매장을 파악할 수 있는 것이 오로지 이러한 시각적 디자인뿐이기 때문이다.

둘째는 배달전문점은 위생적이어야 한다.

사람들은 대부분 배달 음식에 대해서 위생에 믿음을 갖지 않는 경향이 있다. 이 때문에 우리 매장은 위생적으로 조리하여 배달한다는 것을 고객들에게 확신시켜 주는 것도 중요하다. 상인들을 대상으로 영업을 하는 경우에는 간편하고 위생적으로 보일 수 있도록 포장을 하는 것도 중요하다. 포장 용기 등을 정형화하거나 독특하고 위생적인 용기를 개발하여 다른 매장과 차별화를 시도하는 것이 좋다.

셋째는 속도가 빨라야 한다.

기본적으로 주문을 받고 음식이 조리되어 나오는 시간이 있지만, 과정을 최대한 단순화하여 조리부터 배달까지 가능한 한 시간을 단축해야 한다. 먼저 조리과정이 단순화되어야 하고, 배달업체와의 원만한 관계도 필수 요건이다. 주로 배달해주는 배달기사님과 유대감을 형성하는 것도 중요하다.

넷째는 간편해야 한다.

메뉴 수가 지나치게 많거나 조리시간이 많이 걸리는 업종은 배달전문점으로서 적절하지 못하다. 이렇게 되면 조리효율이 떨어질 뿐만 아니라 수익도 떨어지는 결과를 초래한다. 조리과정을 단순화하고 매뉴얼화하여 조리시간을 줄여야 한다.

/

제4부

/

창업 전 체크해야 할
인테리어 상식

같은 비용을 들이고도 인테리어의 효과는 천차만별이다. 인테리어를
설계하기 전에 예비 창업자들의 고민거리와 생각해야 할 체크포인트
를 정리하여 보았습니다. 좋은 아이디어로 적은 비용으로 최대의 효
과를 얻을 수 있는 인테리어가 되길 바랍니다.

01. 인테리어 업체 선정 시 유의사항

　　　　　　인테리어 업체를 고를 때는 그 업체가 시공
한 매장을 먼저 방문해 보고 회사에도 직접 가보는 것이 좋다. 창
업자가 인테리어 가격정보에 정확한 지식이 없으면 인테리어 업체
의 견적서를 2~3군데 이상 받도록 해야 한다.

　업체 간의 가격경쟁으로 인하여 싼 금액의 업체를 선정했을 경
우 공사 기간을 연장할 목적으로 공사를 진행하면서 설계도를 작
성하는 경우가 발생하기도 하여 공사비를 증가시키는 요인이 되기
도 한다.

　매장 인테리어 진행 시 창업자가 인테리어 업체에게 개략적으로
시공 기간 등을 물어 잠정적인 스케줄을 잡아둔다. 중소규모 식당
은 20-40일, 대형 매장은 60일-90일 정도의 시일이 걸린다. 인테
리어 업체가 설비도면을 작성하여 일정계획 아래 공사를 진행해야
하며 창업자가 전문적인 지식이 부족한 경우 최소한 유사한 인테
리어 사진을 찾아보고 제시하는 정도의 노력은 필요하다.

　요즘에는 인테리어와 관련해서 여러 업체를 비교할 수 있는 다양
한 플랫폼도 있으니 활용하면 좋을 것이다.

　음식에 전문가라고 해도 인테리어의 전문가는 아니기에 인테리어

업자를 잘못 만나면 엄청난 바가지를 쓸 수도 있고, 날림공사로 하자 수리에 속상할 수가 있다. 필자의 경험으로는 전체적으로 업자에게 의뢰 시 계약금을 단계적으로 지불하는 것을 추천한다. 믿고 일시적으로 많은 돈을 주면 공사를 지연하는 경우가 종종 있고, 공사를 지연하여도 다른 업체를 선정할 수가 없는 경우가 생기니 공사 전에 계약서를 꼭 작성해야 한다.

1. **건축적 요소**: 평면의 형태, 면적, 천장, 높이, 천장 매입 등 설치
여부 천장 내부의 상태 아래층 유무 상태 기존구조와 마감 상태,
채광 상태, 방음 상태, 기존 공간의 법적 용도확인

2. **전기적 요소**: 해당 전기용량 확인, 비상전력 공급 여부, 전화 설비
상태, 전기요금 확인

3. **위생적 요소**: 위생 배관의 위치, 냉난방 설비의 위치, 가동 시간대
확인, 급배기 등 환기 상태, 소방 설비 확인

4. 건물주와 설계자와의 관계 확인, 건물의 등기상 문제, 건물주 측
의 요구사항 여부, 해당 관공서 위치 확인

5. 업종에 따라 건축물대장을 확인하여 영업허가 문제가 없는지 꼼
꼼히 체크해야 하며, 예를 들어 기존에 요식업이 아니었다면 오·
폐수의 환경 부담금을 내야 하는 경우와 냉난방기기를 설치하기
위해서 기존의 계약전력이 부족하여 증설하는 경우에 전기공사
업체와 한전에 부담액이 적지 않은 경우가 있다.

03. 업종별 특징과 차별화 전략을 세운다

　　　　　　　주방을 어느 쪽에 배치할 것인가를 먼저 결정한다. 실내공간의 여유, 즐거움, 기능성 등을 고려하여 객석을 구성한다. 감각적인 분위기를 연출하고 마무리 재질, 색채, 구성 등으로 손님의 기호를 맞춘다.

　제공하는 음식의 가격, 품위, 속도에 따라 각각의 특징을 살려 구성한다. 음식이 값싸고 스피드를 요구하는 것과, 고가이며 품위를 중요하게 생각하는 것을 고려하고 백열등은 음식이나 사람을 맛있고 아름답게 조명하나 더운 느낌이 있고 형광등은 찬 느낌이 있으니 수나 위치에 따라 조화롭게 사용한다.

　전반적인 위생에 충분한 배려가 있어야 한다. 주의사항으로는 주방, 계단, 화장실 등 공유면적을 제외한 순수한 전용면적에 대한 엄밀한 실측이 필요하다. 천장 자재, 벽체, 바닥, 전등의 형태 등 어떤 자재와 제품을 사용할 건지 사전에 파악하여, 특수한 경우를 제외하고는 인테리어 비용을 추가해서는 안 된다. 빨리 개업할 생각으로 공사 기간을 단축하면 하자 공사가 되어 영업을 중단할 경우도 발생할 수 있으므로, 매장은 어디까지나 영업에 필요한 기능으로 설계되고 건축되어야 한다.

인테리어 업자에게도 일정표를 작성하게 하여 공사 중간마다 진행 현황을 체크해야 한다.

04. 색 선정을 잘해야 매장이 돋보인다

　　　　　　　　매장은 눈에 띄어야 하고 분위기가 좋아야
한다. 이 모든 걸 좌우하는 포인트는 바로 색이다. 어렵게 생각하
지 말자. 우리가 옷을 선택할 때나 식품을 고를 때 무엇을 기준으
로 고르는가를 생각해 보자. 바로 거기에 해답이 있다. 일단 손님
을 음식점에 끌어들이고 다음에 다시 찾아오게 하려면 상쾌하고
아늑한 느낌을 연출해야 한다.

　우선 이 점을 기억하자. 빨강이나 주황, 노란색 등은 따뜻한 느
낌을 준다. 반면에 파랑이나 녹색, 보라색 등은 차가운 느낌을 준
다. 이러한 색의 심리적 온도는 빨강은 불, 파랑은 바다나 물 등을
연상시키기 때문인데, 이걸 취급하는 아이템의 성격과 잘 연관시켜
응용하는 센스를 발휘해 보자.

　회색은 차가운 느낌을 갖고 있다. 그러나 다른 색을 돋보이게 하
는 희생정신을 갖고 있으므로 특히 매장의 기본색으로 검토해볼
만하다. 매장 전체의 분위기 연출에서 매출에 지대한 영향을 줄지
도 모를 제품을 위한 색채 코디네이션을 짚어보자.

　무엇보다 중요한 것은 제품을 돋보이게 하는 것, 그리고 제품이
살 만한 최고의 가치가 있는 것으로 부각되도록 하는 것, 이 두 가

지가 결국은 같은 말처럼 보이나 사실은 엄연히 다르다. 제품을 돋보이게 하려면 가급적 매장 전체 색과 제품의 주조색이 보색을 이루도록 하자. 물론 매장의 주조색을 좌우하는 것은 벽, 천장, 바닥의 색이다. 제품을 부각시키기 위해서는 색에 대한 온갖 지식을 동원하여 응용하는 수밖에 없다. 제품마다 그 매력 포인트가 다르기 때문이다. 주부들이나 요즘 MZ세대들은 특히 색감에 민감하기 때문이다.

마지막으로 매장 전체의 색채 계획을 세울 때 반드시 염두에 두어야 할 것은 조화와 균형의 미학이다. 강렬한 색감보다는 연한색, 곧 중간색을 주조색으로 선택할 것, 그리고 여러 가지 색을 현란하게 쓰는 것보다는 2~3가지로 한정할 것. 아울러 주조색을 기준으로 진한색이나 연한색 또는 같은 계열색으로 조화를 꾀할 것 등이 마지막 포인트다.

05. 업종별 관련해서 잘 먹히는 컬러는 분명 따로 있다

　　　　　　　　소규모 매장의 경우 이런 점을 잘 인식해야 하며 입지와 생활 수준과 관련해서 특정 색이 어떻게 힘을 발휘하는지 예비 창업자는 이를 새롭게 접근해볼 필요가 있다. 기본적인 색의 특성을 요약하면 다음과 같다.

검은색

일반적으로 검은색은 신경의 피로를 막아줌과 동시에 흥분된 심리를 안정적으로 차분하게 풀어주는 효과가 뛰어나다. 하지만 전체적으로 검은색을 사용하면 매장 이미지는 자칫 무겁고 협소하게 보일 수 있다. 이 경우엔 흰색이나 회색, 분홍을 혼합하면 산뜻하고 청결한 매장 분위기 효과를 낼 수 있다. 검은색은 고급스러운 이미지를 높이는 데에 곧잘 사용된다. 또, 검은색은 간판 색상에서 아직 공략의 틈새가 많아 사용하기가 다른 색보다 수월한 편이다. 음식점에도 검은색이 업종 성격과 잘 부합해 성공하는 사례가 늘어나고 있다. 그러나 판매 업종은 색의 이미지가 워낙 강해 구매 심리를 낮출 수 있다. 매장 간 경쟁이 치열한 상권이나 혹은 후발 업체가 선발업체를 따라잡아야 할 경우 검은색을 적극적으로 시도해볼 만하다. 주의할 점은 다른 경합 대상 매장이 아직 검은색을 사용하고 있지 않아야 하고, 간판이나 인테리어 등에서 어떤 색상이 경쟁력 우위에 있을지 예비 창업자는 꼭 점검해야 한다.

흰색

청결한 이미지의 흰색은 외식사업과 잘 맞는다. 흰색의 이미지는 아주 깨끗하고 자연스럽다. 매장 규모가 작을수록 흰색은 간판에서 단점을 최대한 보완할 수 있다. 흰색은 단어만 갖고 연상하면 하얀 눈이 그림처럼 떠오른다. 사실 한국사람 누구나 자연스럽게 흰색을 좋아한다고 전문가들은 말한다. 흰색을 과도하게 컬러로 사용하면 매장 이미지가 차갑게 느껴지는데, 이는 확실히 단점으로 작용할 수 있다. 이런 흰색의 단점을 보완하려면 입지분석을 통해 매장에 맞게 컬러를 잘 사용해야 한다. 컬러 효과를 기대할 수 있는 적정 입지로는 상권의 특성이 젊음의 열기가 활발한 대학가나 역세권 등이 잘 어울린다. 반대로 주부 중심의 동네, 샐러리맨 중심의 오피스 상권은 부적절하다. 이런 곳들은 소비자 마인드에 차가운 기운이 심리적으로 흐르고 있어 흰색은 열기가 많은 상권에서 상대적으로 유리하다. 흰색으로 효과를 기대하려면 입지에 맞게 사용해야 한다.

보라색

보라색은 빨강과 파랑의 중간색이다. 거리 간판의 대부분이 빨강과 파랑이 강세라는 점에 착안하면 틈새 색깔을 공략하는 데에 보라색을 이용할 만하다. 매장이 너무 작아 매출부진에 빠졌다고 판단되면 간판? 바닥? 조명 등에서 보라색을 이용해 매장 이미지를 다시 리모델링 해보는 게 좋다. 매장의 규모가 작을 경우 보라색은 약점요인을 강점요인으로 상호 보완, 탈바꿈하기에 적합하기 때문이다. 심리학적으로 볼 때 영혼과 열정을 변화시키고 동시에 안정시키는 색으로 곧잘 보라색이 사용되고 있다. 그래서인지 40대 여성들은 유독 보라색을 시나브로 좋아하게 돼 있다고 한다. 이 점에 주목해 컬러 비즈니스 전략을 구사할 필요가 있다. 가령 공략 대상이 여성이고, 매장이 역세권이 아닌 주택가나 아파트 밀집지역 상권에 위치하고 있다면 보라색을 활용하여 40대 여성을 공략하도록 시도해보는 것도 좋다.

빨강

음식 장사에 잘 어울리는 색상이다. 빨간색은 식욕과 공복감을 자극하는 특징을 갖고 있다. 그래서 음식점의 간판을 떠올리면 먼저 빨간색이 떠오를 정도로 가장 대중화됐다. 세계적인 체인망을 자랑하는 패스트푸드점들 역시 빨강색을 써서 공복감을 자극하려는 의도를 드러낸다.

노랑

어린이 관련 업종에 잘 어울리는 색상이다. 노란색 간판 하면 어린이 대상 매장이라는 게 한눈에 판단될 정도다. 아이들 대상의 패스트푸드점들은 그래서 빨간색과 함께 노란색을 가장 많이 쓴다.

초록

건강과 관련된 업종에 잘 어울리는 색상이다. 건강함과 안정성을 동시에 주고 지친 심신을 밝게 풀어주는 효과가 탁월하다. 이런 색채 특징 때문인지 녹색 간판은 손님의 건강을 챙기는 사장의 세심한 마인드가 느껴진다.

회색

전문가 혹은 종교적 분위기를 좋아하는 사람이 많이 몰릴 만한 곳에 회색이 잘 맞는다. 회색의 외벽, 어두운 조명, 실내 분위기가 아늑해 오랜 친구와 만나기에 정감이 가고 돋보이는 곳으로 연출 가능하다. 요즘은 도시적인 이미지를 주는 매장에서 주로 사용한다.

06. 간판 및 광고물 제작 시 유의사항

　　　　　　광고물을 제작할 때는 수많은 광고물 사이에서 고객을 사로잡기 위해 문구 하나하나에도 신경을 써야 한다. 사장의 사업 신념, 고객 서비스 정신, 휴머니티 등을 부각시키면 고객을 끌어들이는데 큰 도움이 된다.

　간판은 눈에 잘 띄는지를 확인해야 하며 판매하는 제품을 명확하게 나타내고 있는지 또는 색상이나 디자인은 고객에게 호감을 주는지를 점검해야 한다.

　매장 조명에 관련하여 점검할 요소로는 일반적으로 고객들은 어두운 매장보다는 밝은 매장에 호감을 느낀다. 매장 전면도 입점률에 영향을 미친다. 매장 앞에 차량이 주차돼 있거나 박스 등이 쌓여 있으면 고객은 들어가고 싶은 욕구를 잃어버린다. 출입문이 폐쇄적인 것도 불리한 요소다. 필요할 경우 들어가고 싶은 매장을 만들기 위해 매장 전면을 수리한다는 각오도 해야 한다. 튀는 간판은 창업 절반의 성공이고, 간판은 매장의 얼굴이다. 따라서 간판은 매장이 판매하는 제품의 목표 고객을 잘 유인할 수 있도록 강력한 메시지 전달 기능을 지녀야 한다. 간판을 제작하기 전 창업자의 의지나 희망을 담은 상호를 정하기 마련이다. 하지만 고객에게 사랑

받는 매장이 되려면 창업자의 처지가 아닌 고객의 욕구를 반영한 상호와 문구여야 한다.

어떤 제품을 누구에게 판매할 것인지 타깃을 설정한 다음 상호만으로도 무엇을 판매하는 매장인지 쉽게 연상할 수 있게 지어야 한다. 어떤 제품, 분위기, 서비스를 팔 것인지 상호만 들어도 알 수 있을 만한 이름을 생각해야 한다는 것이다. 이때 고객들이 즐겨 사용하는 언어를 이용하는 것이 중요하다. MZ세대들을 위한 매장이라면 MZ세대에 맞는 이름을 채택하고, 특정 타깃 고객이 있는 경우 고객들에게 어울리는 용어를 사용하는 것이 좋다. 또 무엇보다 읽기 쉽고 발음하기 쉬워야 한다.

특히 외국어를 남용해 고객을 혼란스럽게 하거나 불쾌감을 주는 상호는 좋지 않다. 약속장소로 꼽힐 만큼 기억하기 쉬운 상호라면 성공적이다. 긴 이름이나 순수한 우리말을 사용하는 것이 효과적일 때도 있다. 이름을 지은 다음 나만의 상호로만 사용하려면 상표등록은 필수다. 미리 특허청이나 인터넷을 통해 이미 등록된 상표인지 검색해보고 상호를 정하는 것이 좋은 방법이다.

상표등록은 비교적 간단한 절차로 끝난다. 등록비는 변리사 사무실을 이용하면 40~50만 원, 본인이 직접 하는 경우에는 이보다 저렴하게 진행할 수 있다. 6만 2,000원, 등록 시에 220,120원이 들어간다.

상호가 정해지면 간판을 제작하게 되는데 간판은 식별이 쉽고 강한 전달성이 있어야 하며 고객의 관심과 시선을 끌어야 한다. 넓이나 크기 등의 구조적인 측면은 건물의 특성을 고려해 전문가와 상의하는 것이 좋다. 간판은 메인간판, 아치형간판, 돌출간판, 보조간판 등이 있으며, 돌출간판은 관할 시군구청에서 도로점용 허가를 받아야 한다.

간판 인허가에 필요한 소요기간은 5일 정도이며, 4층 이상의 벽면 돌출간판, 4m 이상인 지주 이용 간판 등은 허가를 받아야 한다. 또한, 재질은 소매장의 경우 네온사인, 피나플랙스, 하이플랙스, 아크릴 등이 주로 쓰이며, 기타 특수 재질을 사용하기도 한다.

대로변에 매장을 창업할 경우는 더욱 손쉽게 고객에게 노출될 수 있도록 여러 가지 장치를 할 필요가 있다. 가장 중요한 건 간판을 멀리서 봤을 때 눈에 잘 띌 수 있도록 색상이나 글씨체를 인근 간판과 차별화하는 게 좋다. 야간에도 눈에 잘 띄게 하려면 아크릴 간판보다는 비용이 좀 들더라도 밝고 환한 소재의 간판을 다는 게 유리하다.

매장 전면 조명도 중요한 역할을 한다. 밝고 환한 매장일수록 마치 숲 속의 오막집 불빛이 행인을 유혹하듯이 고객흡인력이 강하기 때문이다. 차량 이용자를 고려해 주차나 차량 진입이 편리한 위치를 택하는 게 좋다. 특히 출근길 방향보다는 퇴근길 방향의 매장일수록 매출이 높다.

07. 엄마를 위한 인테리어의 공간연출

　　　　　　　엄마에게 꿈을 실현해 주는 장소를 연출해
야 한다. 현실 속에 삶은 코흘리개 아이 하나만 딸려도 엉망이 될
수밖에 없다. 오랜만에 대학 동창들과 만나 멋진 카페에서 차 한
잔 마시고 싶어도 엄마 치맛자락을 붙잡고 늘어지는 아이 때문에
마음이 편치 못하다.

　오늘은 기필코 예쁜 여름용 화채 그릇을 사겠다고 다짐해도 이런
저런 집안일에 치이다 보면 하루해가 기운다. 몸보다 마음이 먼저
지치는 시기에 편하게 마음 놓고 '차 한 잔의 여유를 즐길 만한 공
간은 없을까?' 하고 찾게 되어 있다.

　최근 엄마들을 위한 이색카페들이 문을 열고 있다. 차 한 잔의
여유는 물론, 아이들 옷에서 완구, 인테리어 소품, 꽃까지 원스톱
쇼핑이 가능한 공간들이다.

　아이들 걱정을 잠시 잊고 부부 또는 친구끼리 오붓한 시간을 즐
기도록 배려를 하는 것이다. 요즘은 엄마들이 편히 갈 수 있는 곳
을 연출하는 것도 음식점 인테리어의 필수 요인이다. 또한, 쾌적한
실내공기를 위해 고객 만족을 높이는 방향제 등으로 향기에도 신
경을 써야 한다. 매장에서 풍기는 불쾌한 음식 냄새 대신 과일향,

꽃향 등 신선한 자연의 향으로 고객 만족과 함께 매장의 이미지를 높이고 있다. 음식은 향기도 중요하다.

메뉴에 따라 알맞은 향을 내는 것도 신경 써야 할 대목이다. 또한, 유니크한 색상연출로 고객의 눈길을 끌어야 한다. 여름철에 성수기를 맞는 업종은 더운 날씨 때문에 짜증이 나기 쉽고 본능적으로 시원하고 청결한 것을 선호하므로 매장 이미지 연출에 각별히 신경을 써야 한다.

위생관리 역시 빼놓을 수 없다. 작은 부주의가 예기치 못한 불상사를 불러올 수도 있다. 식중독 발생 등 사회적인 이슈가 발생할 가능성에 대해서도 미리 대비하는 게 안전하다.

08. 음식점 인테리어의 리모델링 기법

　　　　　창업비용 중에서 많은 부분이 임대료와 인 테리어비용으로 쓰인다. 하루가 멀게 음식점 창업이 이루어지고 새 로운 아이템이 등장하는 요즘, 고객들의 우선적인 관심은 맛보다 는 인테리어에 더 많은 마음을 주는 듯하다.

　늘상 지나치는 길목이나 처음 가는 거리에서 시선을 잡는 곳 역 시 인테리어가 좋은 음식점이다. 이러한 분위기를 내려면 인테리어 에 많은 비용을 투자해야 한다. 하지만 주택의 리모델링 기법처럼 음식점에도 리모델링 기법을 도입한다면 적은 비용으로 최대의 효 과가 나지 않을까 한다.

　새로 인수한 매장이 기존 영업을 하고 있었다면, 모든 것을 새로 변경하는 인테리어가 아니라 리모델링 기법을 이용하여 나름대로 특색을 만들어가는 것도 생각해 봄 직하다. 리모델링에는 위험이 따른다. 자칫 잘못했다간 돈만 날릴 수가 있다. 그래서 고객을 불 러 모을 수 있는 용도에 맞는 적절한 인테리어가 필수다. 전문가들 이 지적하는 매장 리모델링 주의사항은 다음과 같다.

　상권분석을 철저히 하라. 현재 상권에 연연할 이유가 없이 앞으 로 성장 가능한 상권에 주목한다.

충분한 시간을 가지고 진행하라. 건물은 안전성이 우선이므로 충분한 시간을 가지고 진행해야 한다. 외장 리모델링은 필수다. 보기 좋은 떡이 먹기도 좋다고 했다. 매장의 가치를 높이기 위해서는 반드시 건물의 외관에 신경 써야 한다.

미래의 가치에 투자하라. 현재 시세에만 연연하는 것은 바람직하지 않다.

참신한 아이디어를 발굴하라. 리모델링을 통해 차별화된 매장으로 거듭나지 않으면 성공하기 힘들다. 좋은 아이디어를 얻기 위해선 많이 듣고 보고 배우는 것이 중요하다.

법규검토, 건축도면 파악을 하라. 건축물은 다양한 행위규제를 받으므로, 미리 증축이나 용도변경이 가능한지 사전에 관할 시군구청에 알아봐야 한다.

자기자본을 가진 상태에서 투자계획을 잡아라. 리모델링은 시간이 많이 걸리므로 반드시 자기자본을 어느 정도 확보한 후 투자해야 한다.

전문가의 자문을 구하라. 시장변화에 맞춰 과감하게 용도변경을 시도하라. 유행을 많이 타는 업종의 경우, 때로는 유행을 쫓아 과감하게 용도 변경하는 것도 필요하다.

경매로 상가를 구입하는 방법도 생각하라. 법원 경매시장에서 경매로 상가를 구입한 후 리모델링하는 것도 생각해 보자.

인테리어를 하는 데 고려해야 할 사항

길을 걷다가 화사하게 옷을 입은 사람이나 특이한 복장을 한 사람을 보게 되면, 다시금 시선이 머물게 된다. 경치가 좋은 곳이나 조경이 잘된 곳 등 아름답게 꾸며진 집은 시선을 머물게 한다. 음식점의 인테리어는 사람의 시선을 머물게 하는 역할을 할 수 있다. 하지만 큰돈을 들이지 않고 음식점의 작은 소품들도 홍보의 역할을 한다. 물론 맛이 소문이 난 곳에는 화려한 인테리어가 아닌 허름한 형태를 가지고도 사람의 발길이 끊이지 않게 하기도 한다. 이러한 경우가 아닌 처음 개업을 하는 음식점의 경우 인테리어는 음식점의 얼굴인 만큼 각별히 신경을 써야 한다.

인테리어 시 고려해야 할 사항이 있다. 음식점의 성격에 맞는 인테리어여야 한다. 무슨 음식을 취급하는지, 어떤 분위기에서 먹는 음식인지를 나타낼 수 있는 인테리어여야 한다. 너무 고급스럽거나 화려한 인테리어보다는 다른 음식점과 차별화될 수 있게 개성이나 특성을 살린 인테리어여야 한다. 중요한 것은 고객으로 하여금 친근감을 느낄 수 있어야 한다. 인테리어는 주인 마음에 들기보다 고객의 입장에서 편리할 수 있게 꾸며야 한다.

어느 식당은 자신의 소장품인 수석을 진열하여 수석을 감상하기 위해 가는 사람이 있을 정도이다. 더욱이 가치가 떨어지는 수석 등은 마당에 펼쳐놓고 가져가고 싶은 사람은 한 개씩은 가져갈 수 있게 해주는 곳도 있다. 이러한 사소한 소품들이 먹거리의 음식점에 또 하나의 손님을 이끄는 포인트가 된다.

10. 종합 분식점의 메뉴 및 인테리어 전략

처음 창업하려는 사람들이 손쉽게 생각하는 분야가 바로 종합 분식점이다. 그러나 많은 메뉴를 취급하는 단점 때문에 재료의 연관성이나 조리할 때 공통점이 있어야 한다.

메뉴를 구성할 때는 3~4가지 주메뉴를 정하고 거기서 파생되는 메뉴들을 만든다. 우동 같은 경우에는 우동 국물과 고명만 따로 준비해 놓으면 들어가는 고명에 따라서 김치우동, 해물우동 등으로 다양한 메뉴를 늘릴 수 있다. 또한, 두세 가지 음식을 섞어서 세트화해야 한다. 그러면 기존에 가지고 있는 메뉴를 활용해서 또 다른 이미지의 메뉴를 만들어 매출을 올릴 수 있다.

종합 분식점이 성공하려면 전문성이 드러나야 한다. 상호와 인테리어에 전문성을 부각하는 것이다. 먼저 상호를 만들 때도 분식이라는 말을 넣지 않고 분식점을 대표할 수 있는 메뉴를 넣는다든지 또는 이를 활용한 상호를 쓴다. 예를 들어 상호에 전문적인 메뉴인 우동이나 만두를 내세워 실제는 종합 분식점이지만 우동 전문점, 만두 전문점이라는 이미지를 심어주는 것도 좋은 아이디어다. 또 요즘 사람들의 선호도에 맞게 새로운 감각의 세련된 이미지를 줄 수 있는 상호를 사용하면 좋다.

대표 메뉴를 내세워 전문성을 강조하고 그 외에도 연관된 다양한 분식메뉴도 같이 취급하면 된다. 그리고 인테리어도 분식점이라고 해서 돈을 투자하지 않는다는 생각은 위험한 생각이다. 오히려 기존의 분식점이 살아남으려면 인테리어에 좀 더 신경을 써야 한다. 물론 분식점 인테리어는 입지에 따라 다르게 해야 하지만 MZ세대 감각에 맞는 카페 스타일로 깔끔하고 세련되게 하는 것도 요즘 분위기에선 좋다.

11. 구이 전문점의 인테리어 전략

요즘은 음식점들이 점점 대형화되는 경향이 뚜렷하다. 이러한 업종에 비해 구이요리 전문점은 자기 매장만의 독특한 메뉴를 개발하고 분위기 등을 차별화한다면 비교적 20평에서 50평 정도의 중소규모로도 창업이 가능하며 경쟁력을 유지할 수 있다.

요즘은 음식점도 예상을 뛰어넘는 전혀 새로운 스타일로 접근하여 성공하는 사례를 많이 볼 수 있다. 고객은 점점 더 새로운 것을 원하니까 그 방향으로 기준을 맞추기 때문이다. 기존의 매장을 인수하여 시설을 일부 개·보수하여 사용할 경우에는 기존의 시설을 최대한 활용하고, 완전히 새롭게 새로운 시설을 해야 할 경우에는 좀 더 과감하게 컨셉에 맞는 인테리어를 적용하여 보는 것도 좋은 방법이다.

특히 구이요리 전문점을 시설할 때 가장 신경을 기울여야 할 부분은 환기 문제다.

고깃집을 찾는 사람들의 가장 큰 불만은 환기가 안 되어 냄새나 연기가 몸에 밴다는 것이고, 또 지저분해지기 쉬운 분위기인 점을 생각하여 이것을 보완하는 데에 역점을 두어야 할 것이다. 특히 여

성고객과 가족의 외식까지 염두에 둔 대중화된 매장의 경우에는 더욱 그럴 필요가 있다. 기존의 한식집이나 우리가 예상할 수 있는 구이 요리 집에 대한 선입견을 뛰어넘을 수 있는 깨끗하고 단순한 일식 스타일의 분위기를 적용한다거나 양식 패밀리 레스토랑식의 분위기를 적용할 경우에는 새로운 분위기로 고객에게 어필할 수도 있다. 이때에도 멋을 위한 복잡한 인테리어보다는 깨끗이 닦고 관리하기 쉬운 재질로 인테리어를 하는 것이 중요하다.

12. 인테리어의 차별화도 전략이다

　　　　　요즘 인테리어가 중요한 요소로 인식되면서 매장 외관에 중점을 두는 사장들이 많다. 완전히 새로운 스타일의 인테리어로 손님의 호기심을 유발하거나, 기존의 업종에서는 시도하지 않던 새로운 스타일의 인테리어로 좋은 반응을 얻는 경우가 많다.

　인테리어를 잘해 놓았다고 해서 음식점이 꼭 성공하는 것은 아니지만 음식점의 경쟁이 점점 치열해지고 마케팅적인 요소가 더 중요해지는 시점에서 인테리어를 차별화하는 것도 중요한 마케팅 전략의 하나이다.

　창업 초기부터 인테리어도 중요한 마케팅 수단이란 것을 분명히 인식하고 정확한 주제를 가지고 내부 및 외부를 기획하는 것이 중요하다.

　인테리어를 하는 데 있어서 무조건 돈을 많이 들여서 하는 것보다는 어떠한 주제를 가지고 통일감을 주는 것이 중요하다. 값비싼 재료를 사용하지 않더라도 일관된 주제로 인테리어를 하거나 폐품 등을 활용해도 좋은 인테리어가 될 수 있다. 요즘 강남 일대에는 기존의 삼겹살 전문점에서 시도하지 않았던 일식집 같은 모던하면서도 깔끔한 인테리어를 하여 좋은 반응을 얻는 매장이 눈에 띄게 많아졌다. 이러한 매장들은 삼겹살이라는 대중적인 메뉴를 가지고 기존과는 다른 서빙 방법과 차별화된 인테리어로 젊은 층과 여성들에게 좋은 반응을 얻고 있다. 이와 같이 대중적이면서 경쟁이 심한 업종을 창업할 경우에는 단순하게 맛을 가지고 승부하려고 하는 것보다는 기존 매장의 문제점을 개선한 시스템과 새로운 컨셉의 인테리어로 차별화를 시도하는 것도 좋은 마케팅 방법이다.

13. 자신을 홍보하는 것도 인테리어의 필수

　　　　　　　어떻게 보여주느냐 하는 것이 인테리어의 중요한 포인트이다. 요즘 유명한 음식점들에서 연예인들이나 유명 인사들이 남긴 사인이나 글을 액자에 걸어둔 곳을 많이 본다. 이런 유명인 보증 인쇄 효과 전략이 성공할 수 있었던 것은 바로 액자에 있다. 비싸지 않으나 그렇다고 싸 보이지도 않는 작은 하얀 액자가 연예인들이 사인한 종이 조각에 품격을 더할 수 있다.

　메뉴판 등을 깔끔하고 세련되게 디자인하면 음식이 더 맛있어 보이는 효과를 얻을 수 있다.

　인사동에 가면 종이에 쓴 글씨들을 동판으로 떠주는 곳이 많은데 이런 동판으로 장식한 식당도 있다. 고급스런 레스토랑이나 카페라면 할리우드 명예의 거리처럼 손바닥 주물을 뜰 수 있게 만들어 방문 기념을 만들어주는 곳도 있다. 인테리어 컨셉이 있는 매장을 차리려면 그 외에도 이름에 걸맞은 많은 행사들이 뒷받침되어야 한다는 걸 명심해야 한다. 기사식당이라면 이달의 선행기사를 선정해서 그 손님에게 무료 시식권을 증정한다거나 그 우수기사의 사인을 벽에 장식하는 기사식당도 있다.

　어떤 곳은 모든 벽면을 손님들의 명함으로 빼곡히 도배해버린 식당도 있다. 이렇게 인테리어에서 보여주는 효과는 크다. 이왕이면 예쁘게 컨셉에 맞게 때로는 눈에 튀게 많이 보여주는 효과를 노려 보면 좋다. 고객과 매장이 하나가 되는 소품 인테리어는 손님과 매장을 같이 홍보하는 효과가 있어 좋은 반응을 일으키고 있다.

14. 컨셉을 정한 인테리어가 먹힌다

　　　　　　인테리어는 그냥 도장을 하고 조명을 놓고 하는 정도의 수준으로 끝나지 않는다. 요즘 사람들은 평범함에 쉽게 지루해한다. 무언가 주제가 있기를 원하고 재미있는 것을 찾기 마련이다.

　어느 재즈 라이브 쇼 카페는 54평의 인테리어비용이 집기 등을 다 포함해서 천만 원밖에 안 들었다 한다. 공사판에서 쉽게 구하는 붉은 벽돌과 고철 덩어리, 고장 난 시계 정도가 이 매장 인테리어의 전부이다. 주위엔 음식점만 몇 있을 뿐 카페가 들어서서 성공하기에 무리가 있어 보이는데도 매출은 대단하다. 카페를 인테리어 하는데 평당 몇백은 줘야 한다는 요즘에 참으로 좋은 아이디어다.

　컨셉을 살리면서 충분한 재미로 고객의 마음을 끌 수 있다.

15. 효과적인 인테리어 꾸미기

　　　　　　　　　인테리어는 매장의 첫 인상을 결정짓는다. 효과적인 인테리어를 통해 분위기를 확 살려보자. 정돈된 느낌, 편한 분위기는 공간구성으로 결정된다. 같은 물건과 작은 소품들도 배열에 따라서 분위기가 달라진다.

　다양한 형태와 사이즈의 물건을 균형 있게 배열하려면 기본형 대칭과 비대칭을 이용한다. 대칭은 좌우에 하나씩 비대칭은 한쪽에 포인트가 되는 커다란 것을 두고 그 옆을 중간이나 작은 물건을 놓아서 높이가 달라지도록 한다. 또 공간에 깊이가 있는 경우는 안쪽이나 앞쪽에도 소품을 놓고 볼륨감을 준다.

　이때 중요한 점은 아름답게 여백을 남기는 것이 공간을 멋지게 꾸미는 요령이다. 벽에 액자로 인테리어를 할 때 중요한 것은 액자의 바깥쪽 라인을 연결했을 때 일정한 형태가 되어야 한다. 그러면 정돈된 분위기가 되고 삼각이나 원형이 되면 안정감이 있다. 조금 변화를 주고 싶을 때는 마름모꼴을 활용하면 좋다.

　조명 기구나 거울을 조화시키면 효과는 커진다. 소품과 함께 스탠드 조명이나 거울을 그저 함께 두는 것으로는 변화가 없다. 좀 더 특성을 강조시킨 사용법을 시도해 본다. 조명기구는 물건에 빛과 그림자를 만든다. 벽면이나 천장에 소품의 그림자를 비추어 환상적인 분위기를 연출한다. 거울의 경우는 실제 소품과 거울에 비친 또 하나의 소품이 보는 각도에 따라서 미묘하게 달라지고 특이한 연출 효과가 난다.

또 조명기구를 플러스하면 거울이 빛을 반사하여 더욱 복잡한 음영을 만들어 낸다. 똑같은 재료를 가지고도 분위기를 다양하게 낼 수가 있다. 효과적인 위치선정이 힘들다면 공간예술을 하는 대학생들에게 자문을 받는 것도 좋은 방법이라 하겠다.

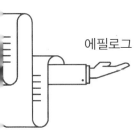

에필로그

아직 많이 부족하지만 이렇게 첫 책을 발간하게 되었다. 사실 필자는 식품제조업 운영 시 다양한 정책자금을 받아 사업을 운영해 나갔다.

중소벤처기업진흥공단에서 청년전용창업자금, 기술보증기금에서 창업자금 및 R&D자금, 농림수산업자신용보증기금 등에서 다양한 자금을 받았고, 창업진흥원에서 주최한 초기창업패키지에 선정되어 7천만 원의 지원금을 받았다. 그 외에 여성기업확인서, 기업부설연구소 설립, 벤처기업 인증 등 다양한 인증 등을 받으며 사업을 확장해나갔다. 이러한 노하우들 역시 추후 기회가 된다면 청년창업을 꿈꾸는 분들에게 전달할 수 있는 기회가 오면 좋겠다.

* 문의: (주)로미에프엔비 _ romifnb@naver.com

외식 창업으로
평생직업 갖기

펴 낸 날 2022년 8월 22일

지 은 이   차새롬
펴 낸 이   이기성
편집팀장   이윤숙
기획편집   윤가영, 이지희, 서해주
표지디자인 이윤숙
책임마케팅 강보현, 김성욱
펴 낸 곳   도서출판 생각나눔
출판등록   제 2018-000288호
주   소   서울 마포구 잔다리로7안길 22, 태성빌딩 3층
전   화   02-325-5100
팩   스   02-325-5101
홈페이지   www. 생각나눔.kr
이 메 일   bookmain@think-book.com